ETERNAL REDEMPTION

이터널 리뎀션

예수 그리스도가 이룬 영원한 속죄

저자의 글

성경은 아주 두껍고 많은 내용이 담겨 있어서, 성경을 읽고 모든 내용을 이해한다는 것은 굉장히 어려운 일이다. 그러나 성경을 찬찬히 읽어보면 핵심적인 내용들을 발견할 수 있다. 그 가운데 가장 중요한 것은, 하나님이 죄를 범한 인간을 사랑하셔서 인간을 죄에서 벗어나게 하려고 예수님을 세상에 보내셨다는 것이다. 예수님은 인류의 모든 죄를 짊어지셨고, 십자가에 못 박혀 죽으심으로 그 죄의 값을 다 지불해 모든 죄를 씻으셨다.

구약 시대에는 제사장들이 매일 서서 섬기며 자주 같은 속죄제사를 드려야 했다. 그 속죄제사는 모든 죄를 영원히 씻는 제사가 아니어서 사람들이 죄를 지을 때마다 제사를 드려야 했기 때문이다. 예수님은 영원한 속죄제사를 드리셨다. 그래서 다시 제사 드릴 일이 없기 때문에 서 계시는 것이 아니라 하나님 우편에 앉아 계신다.

"제사장마다 매일 서서 섬기며 자주 같은 제사를 드리되 이 제사는 언제든지 죄를 없게 하지 못하거니와 오직 그리스도는

죄를 위하여 한 영원한 제사를 드리시고 하나님 우편에 앉으사"(히 10:11~12)

예수님이 십자가에 못 박혀 죽으심으로 우리를 거룩하게 하셨고, 거룩하게 된 우리를 영원히 온전케 하셨다.

"저가 한 제물로 거룩하게 된 자들을 영원히 온전케 하셨느니라."(히 10:14)

안타깝게도, 오늘날 수많은 사람들이 죄에서 벗어나지 못해 고통하고 있다. 이 책이 독자들에게 죄에서 어떻게 벗어나는지 정확히 가르쳐주길 바란다. 그래서 사람들이 더이상 죄에 종노릇하며 살지 않고 예수님의 은혜 안에서 밝고 복되게 살기를 바란다. 이 책이 독자들의 마음에, 그 영혼에 큰 축복이 되기를 기도한다.

기쁜소식강남교회 목사 박옥수

ETERNAL REDEMPTION
예수 그리스도가 이룬 **영원한 속죄**

차 례

저자의 글

제1장 율법과 다른 새 언약 … 14

죄악된 인간이 하나님의 법을 지킬 수 있는가?
나는 지옥에 갈 수밖에 없구나!
율법을 지킬 수 있는 사람이 없기에 새 언약을 세우신 하나님
내가 그들의 죄악을 사하고, 그 죄를 기억지 아니하리라
여기에 죄를 사함 받는 길이 기록되어 있구나!
세상 죄를 지고 가는 하나님의 어린양
교인들을 다 죄인을 만들어 놓은 한국 교회
내가 하늘나라에 가고 싶지만 무슨 공로가 있어야지
손가락으로 땅에 글씨를 쓰신 예수님

제2장　어두움의 길과 빛의 길 … 42

남편과 어린 딸을 죽인 부인의 슬픈 이야기
하나님, 왜 저를 아람 사람의 종이 되게 하셨어요?
너는 우리 집의 보배야, 지금부터 우리 딸이야
내가 의롭게 되어 그날부터는 죄에 갇혀 살지 않았다
복음을 전하려고 하는 저에게 집을 안 주시렵니까?
뛰어내려 죽으면 모든 것이 끝나고 평안해
하나님은 어떤 불행 속에서도 행복이 피어나게 하신다

제3장　아말렉을 진멸하라 … 68

예수님이 나를 주관하시는 것과 내가 나를 주관하는 것
하나님이 지켜 주실 것을 믿으면…
하나님, 우리 셋 중에 한 사람은 이 부대에 남게 해주십시오
이등병과 통신훈련소장이 함께 지은 예배당
각하의 죄에 대한 하나님의 판결문을 읽어보신 적이 있습니까?
인생 전부를 우리를 가장 사랑하시는 하나님께 맡겨야
하나님이 의롭다고 판결하셨는데 죄인이라고 하면…
하나님이 우리를 도우실 때 가장 좋고 행복하다

제4장 우리가 거룩함을 얻었노라 … 96

죄를 지은 사람이 앞으로 착하게 산다 해도…
구약 시대의 속죄제사는 예수님이 죄를 씻는 것의 그림자
하나님의 판결문의 결론은 23절이 아니라 24절에
씻음과 거룩함과 의롭다 하심을 얻었느니라
누가 뭐라고 해도, 하나님이 말씀하신 것을 마음에 세워야
내가 자기를 아는데 자기가 죄가 없다고?
죄를 지은 모든 사람을 예수님이 의롭게 해놓으셨다
원래 의인은 없지만, 예수님의 피로 의인이 된 사람은 많다
예수님은 다 이루셨다

제5장 한 몸을 예비하셨도다 … 120

오직 나를 위하여 한 몸을 예비하셨도다
하나님의 뜻을 행하러 왔나이다
내가 아빠니까 내가 택시비를 다 내야지
오직 그리스도는 죄를 위하여 한 영원한 제사를 드리시고
20년을 술에 빠져 살다가 하루 만에 벗어난 사람
밤새 책을 읽다가 예수님의 피로 죄가 씻어진 것을 알았다
제가 교도소에서 나가면 저를 받아 주시겠습니까?
예수님이 우리 죄를 씻었고, 하나님이 우리를 의롭다고 하셨다

제6장 내가 그들의 죄악을 사하고 … 144

죄를 짓는 인간이 하나님의 복을 받을 수 있는 길이 있나?
하나님이 일해서 복을 주시겠다는 일방적인 약속
강도 만난 자가 구원받기 위해 한 일이 무엇인가?
구원은 우리가 노력해서 이루는 것이 아니라 구원자가 이루는 것
아빠, 내가 운전 한번 해볼게요
나는 죽을 때까지 죄인임을 밝혀두는 바이다(?)
하늘나라 성전에서 드린 영원한 속죄제사
우리가 지은 죄를 기억하시지도 않는 하나님

제7장 영원한 속죄를 이루사 … 170

오직 자기 피로 영원한 속죄를 이루사
예수님의 공로를 의지하는데 왜 더러운 죄인으로 남아 있는지…
새벽마다 교회에 가서 죄를 고백하고 용서를 빌었지만
도와주는 사람이 없었지만 하나님이 나를 먹이셨다
절대로 사람 바라보지 말고 하나님만 의지하자
이러다 아이가 나오면 어떡하지?
모든 믿는 자에게 미치는 하나님의 의
하나님은 우리 모두에게 의롭다고 하셨다

제8장 　**영원히 온전케 하셨느니라** … 194

하나님이 온전하다고 하시면 온전한 게 맞지요?
사람은 바꿀 수 없지만 하나님은 그를 온전케 하셨다
요한아, 네가 전갈의 독을 이기기 위해 하나님을 앙망해
의사 선생님, 전갈에 물린 청년에게 기적이 일어났어요!
1962년 10월 7일, 내 죄가 다 씻어졌다는 사실을 알았다
안수함으로 인류의 죄를 예수님에게 넘기고
예수님이 제물이 되어 거룩하게 된 사람들

제9장 　**단 한 번으로 영원히** … 218

말씀을 믿지 않고 자기 생각대로 죄인이라고 한다면…
죄에 매여 사는 사람들을 깨우쳐 주어야
예수님은 십자가에서 흘린 피를 하늘나라 성전에 뿌리셨다
생각해야 신앙생활을 바르게 할 수 있다
누구도 우리 죄를 가지고 논하거나 공격할 수 없도록
'존 아타 밀스 대통령은 의롭게 되었다'
감사한 마음을 품고…

01

율법과 다른 새 언약

1장

율법과 다른 새 언약

성경 말씀 출애굽기 19장 5절부터 읽겠습니다.
"세계가 다 내게 속하였나니 너희가 내 말을 잘 듣고 내 언약을 지키면 너희는 열국 중에서 내 소유가 되겠고 너희가 내게 대하여 제사장 나라가 되며 거룩한 백성이 되리라. 너는 이 말을 이스라엘 자손에게 고할지니라. 모세가 와서 백성의 장로들을 불러 여호와께서 자기에게 명하신 그 모든 말씀을 그 앞에 진술하니 백성이 일제히 응답하여 가로되 '여호와의 명하신 대로 우리가 다 행하리이다.' 모세가 백성의 말로 여호와께 회보하매 여호와께서 모세에게 이르시되 '내가 빽빽한 구름 가운데서 네게 임함은 내가 너와 말하는 것을 백성으로 듣게 하며 또한 너를 영영히 믿게 하려 함이니라.' 모세가 백성의 말로 여호와께 고하였으므로 여호와께서 모세에게 이르시되 '너는 백성에게로 가서 오늘과 내일 그들을 성결케 하며 그들로 옷을 빨고 예비하여 제 삼일을 기다리게 하라. 이는 제 삼일에 나 여호와가 온 백성의 목전에 시내산에 강림할 것임이니 너는 백성을 위하여 사면으로 지경을 정하고 이르기를 너희는 삼가 산에 오르거나 그 지경을 범하지 말지니 산을 범하는 자는 정녕 죽임을 당할 것이라.'"(출 19:5~12)

우리와 하나님과의 관계에서 가장 중요한 것은 '우리가 하나님 앞에 어떻게 서느냐'입니다. 하나님의 계명을 어기고 죄를 범한 사람은 하나님 앞에 설 수 없습니다. 서는 순간 죽임을 당해야 합니다. 그렇다면 우리가 하나님 앞에 어떻게 설 것인지, 그에 대해 성경은 자세히 이야기하고 있습니다.

오늘 읽은 성경은, 하나님이 이스라엘 백성에게 십계명을 비롯해 율법을 주신 이야기입니다. 이스라엘 백성이 애굽에서 종살이하다가 하나님의 능력으로 애굽에서 나와 가나안으로 가는 여정에 시내산에 이르렀을 때 있었던 일입니다. 하나님이 십계명을 주시기 전에 모세에게 '이스라엘 백성에게 먼저 이야기하라'고 하셨습니다.

"세계가 다 내게 속하였나니 너희가 내 말을 잘 듣고 내 언약을 지키면 너희는 열국 중에서 내 소유가 되겠고 너희가 내게 대하여 제사장 나라가 되며 거룩한 백성이 되리라. 너는 이 말을 이스라엘 자손에게 고할지니라."(출 19:5~6)

하나님이 말씀을 잘 듣고 약속을 지키면 복을 주겠다고 하셨습니다. 모세가 전한 이야기를 듣고 이스라엘 백성들이 일제히 응답하기를 "여호와의 명하신 대로 우리가 다 행하리이다." 하였습니다. 그렇게 해서 하나님이 이스라엘 백성에게 십계명을 비롯해 율법을 주셨습니다.

죄악된 인간이 하나님의 법을 지킬 수 있는가?

인간이 하나님께서 주신 법을 그대로 따를 수 있습니까? 우리가 하나님의 법을 그대로 따르려면 우리 수준이 하나님처럼 되어야 합니다. 인간 수준에서는 하나님이 주신 법을 그대로 행하지 못합니다. 행하지 못하면서 '하나님이 말씀하신 대로 다 행하겠다'고 말하는 것은 거짓말입니다.

이스라엘 백성이 하나님이 명하신 대로 행하면 열국 중에서 하나님의 소유가 되고 제사장 나라가 되며 거룩한 백성이 된다고 했습니다. 문제는 인간이 하나님과 다르다는 것입니다. 우리가 하나님과 같다면 하나님이 말씀하신 대로 행하는 데에 무슨 문제가 있겠습니까? 그런데 인간은 남을 속이고 탐욕적이고 음란한 마음을 품습니다. 그런 마음을 가진 인간이 어떻게 하나님이 명하신 대로 행하겠습니까? 인간은 어쩌다 악하고 더러운 마음을 품는 것이 아니라 늘 그런 마음을 품습니다. 죄악으로 가득 차 있어서 하나님 앞에 감히 설 수 없는 존재가 인간입니다.

그런 인간이 하나님이 법을 주겠다고 하셨을 때 이스라엘 백성이 일제히 응답하길 "여호와의 명하신 대로 우리가 다 행하리이다."라고 했습니다. 말도 안 되는 소리입니다. 그들이 어떻게 하나님이 명하신 대로 다 행할 수 있습니까? 하나님이 율법을 주겠다고 하실 때 그들이 뭐라고 대답해야 했습니까?

"하나님, 악한 인간인 우리가 어떻게 하나님의 법을 지킬 수 있겠습니까? 어떻게 하나님의 말씀에 다 순종할 수 있겠습니까? 피조물인 우리가 어떻게 하나님과 같이 될 수 있겠습니까?"

이렇게 말해야 했습니다. 여러분이 생각해 보십시오. 죄악된 마음이 늘 솟구치는 인간이 하나님의 법을 지킬 수 있습니까, 없습니까? 지킬 수 없습니다. 이 땅에 태어난 인간 가운데 하나님이 주신 법을 그대로 지킨 사람은 단 한 사람도 없습니다. 그러니 하나님의 법대로 행하겠다는 말은 거짓말입니다.

안타까운 것은, 오늘날 많은 교회에서 십계명을 지키라고 합니다. 성경을 정확히 볼 수 있는 눈이 없어서, 자기 나름대로 성경을 생각하고 자기 나름대로 설교하는 사람이 얼마나 많은지 모릅니다. 그 이야기를 듣고 교회에 다니는 수많은 사람들이 십계명을 지켜야 한다고 생각합니다. 또, 나름대로 십계명을 지키고 있다고 생각합니다.

전 세계에서 교회에 다니는 얼마나 많은 사람들이 오늘도 십계명을 지키려고 애쓰고 있습니까? "여호와의 명하신 대로 우리가 다 행하리이다." 이것은 말이 안 되는 소리입니다. 만약 인간이 십계명을 다 지킨다면, 죄를 짓지 않았으니까 예수님을 믿지 않아도 바로 하늘나라에 갈 수 있습니다. 그런 일은 없습니다.

인간은 절대로 하나님의 법을 지키지 못합니다. 우리에게는 하나님의 은혜가 필요하고 긍휼이 필요합니다. 십계명을 지키려고 하는 사람들이 잘못 생각하고 있는 부분이 있습니다. 법은 언제나 지켜야지, 한 번만 어겨도 죄가 됩니다. 한 번만 도둑질해도 도둑이 되고, 한 번만 살인해도 살인자가 됩니다. 그러니까 십계명은 단 한 번도 어기지 않고 온전히 지켜야 합니다. 그런데 인간은 십계명을 무수히 어깁니다. 백 번, 천 번 어깁니다. 그렇게 하고는 '이제부터 십계명을 잘 지켜야지!' 하는데, 이미 법을 어긴 뒤 잘 지키려고 하는 것이 무슨 의미가 있습니까?

우리가 대한민국의 법을 지킬 수는 있습니다. 그러나 하나님의 법을 누가 지킵니까? 온전한 하나님의 법을 완벽하게 지킬 수 있는 사람은 하나도 없습니다. 그런데 얼마나 많은 목사님들이 십계명을 지켜야 한다고 말합니까? 자신도 지키지 못합니다. 만약 지키는 사람이 있다면, 지키는 척할 뿐입니다.

내 앞에 다른 신을 두지 말라, 우상을 섬기지 말라, 여호와의 이름을 망령되이 일컫지 말라, 안식일을 거룩하게 지키라, 네 부모를 공경하라, 살인하지 말라, 간음하지 말라, 도둑질하지 말라, 거짓 증거하지 말라, 탐내지 말라. 이것이 십계명입니다. 이 법을 단 한 번도 어기지 않은 사람은 없습니다. 늘 어기고 삽니다. 늘 죄를 짓고 살다가 어쩌다 '오늘은 말씀대로 살았다' 합니다.

법은 한 번 어기고 다음부터 지킨다 해도 아무 소용이 없습니다. 사람을 한 번 죽이고 다음부터 죽이지 않는다 해도 살인자입니다. 십계명을 한 번 어긴 후 그 뒤로 지킨다 해도 소용이 없습니다. 이미 어긴 사람입니다.

나는 지옥에 갈 수밖에 없구나!

저는 옛날에 교회에 다니면서 십계명을 지키려고 애를 많이 썼습니다. 주일에는 교회에 가고 일을 하지 않으려 했고, 거짓말이나 도둑질을 하지 않으려고 했습니다. 하지만 내 원함과 달리 나쁜 짓을 많이 했습니다. 거짓말도 많이 하고, 배가 고픈 시절이라 친구들과 어울려 도둑질도 많이 했습니다. 남의 밭 밀 이삭을 꺾어 구워먹기도 하고, 감자도 캐먹고, 과수원에 몰래 들어가 사과도 따먹었습니다.

죄를 짓고 다음날 새벽에 교회에 가서 "하나님, 죄를 지었습니다. 용서해 주십시오."라고 기도했습니다. 지은 죄가 너무 많았습니다. 죄를 용서해 달라고 기도한 뒤에는 '오늘은 죄를 짓지 말아야지!' 하고 각오했습니다. 하지만 해가 뜨고 시간이 흘러 친구들과 어울리다 보면 또 죄를 지었습니다. 마음에 절망이 찾아왔습니다. '나는 지옥에 갈 수밖에 없구나!'

율법을 처음 받은 이스라엘 백성들은 어떠했습니까? 모세가 하나님의 부름을 받아 시내산에 올라갔을 때, 40일이 지나도 모세가 산에서 내려오지 않자 이스라엘 백성들이 '모세는 죽었는가 보다'라고 생각했습니다. 그들이 '모세가 죽었으면 이제 누가 우리를 인도하지?' 생각하다가 금송아지를 만들어 "이것이 우리를 애굽 땅에서 인도하여 낸 신이다." 했습니다. 그들이 금송아지 앞에서 먹고 마시며 뛰놀 때 모세가 십계명이 새겨진 돌판 두 개를 들고 시내산에서 내려왔습니다.

십계명이 내려오는 날, 이스라엘 백성이 '내 앞에 다른 신을 두지 말라'는 첫 번째 계명과 '너를 위해 우상을 만들지 말라'는 두 번째 계명을 어겼습니다. 그로 인해 그날 3천 명이 죽임을 당했습니다. 그 후로도 이스라엘 백성들이 안식일에 나무하다가 죽고, 하나님을 원망하다가 죽고, 계속 죽임을 당했습니다. 율법이 내려온 뒤로 법을 어긴 사람들이 계속 심판을 받아 죽어갔습니다.

십계명은 하나님이 주신 법입니다. 인간은 절대로 지킬 수 없습니다. 이스라엘 백성들은 자신들이 율법을 지킬 수 없는 줄 모르고 하나님이 명하신 대로 다 행하겠다고 했지만, 하나님은 그들이 율법을 지키지 못한다는 사실을 아셨습니다. 그런데 왜 율법을 주셨습니까? 하나님은 율법을 통해 인간이 어떤 존재인지 가르쳐주길 원하셨습니다.

"우리가 알거니와 무릇 율법이 말하는 바는 율법 아래 있는 자들에게 말하는 것이니 이는 모든 입을 막고 온 세상으로 하나님의 심판 아래 있게 하려 함이니라."(롬 3:19)

율법이 하는 일은, 율법을 어기고 죄를 지은 인간을 하나님의 심판 아래 있게 하는 것입니다.

"그러므로 율법의 행위로 그의 앞에 의롭다 하심을 얻을 육체가 없나니 율법으로는 죄를 깨달음이니라."(롬 3:20)

율법을 다 지켜 하나님 앞에서 의롭게 될 사람이 없다고 했습니다. 율법은 다 지켜서 의롭게 되는 데에 사용하는 것이 목적이 아니라, 죄를 깨닫게 하는 것이 목적이라고 했습니다. 율법은 인간을 죄 아래, 심판 아래 있게 합니다.

율법을 지킬 수 있는 사람이 없기에 새 언약을 세우신 하나님

예레미야 31장에 놀라운 이야기가 나옵니다. 이 이야기는 이스라엘 백성들이 바벨론에 포로로 잡혀가 있을 때 하나님이 하신 말씀입니다. 그들이 왜 바벨론에 포로로 잡혀갔습니까? 하나님의 말씀을 어겼기 때문에 나라가 망하고 사람들이 사로잡혀 갔습니다. 그들이 하나님을 잘 섬겼으면 하나님이 왜 그들을 지켜주시지 않았겠습니까? 이스라엘이 망하고 백성들이 비참하게 지내고 있을 때 하나님이 말씀하셨습니다.

"나 여호와가 말하노라. 그때에 내가 이스라엘 모든 가족의 하나님이 되고 그들은 내 백성이 되리라. 나 여호와가 이같이 말하노라. 칼에서 벗어난 백성이 광야에서 은혜를 얻었나니 곧 내가 이스라엘로 안식을 얻게 하러 갈 때에라."(렘 31:1~2)

하나님이 심판의 칼에서 벗어난 이스라엘 백성들에게 안식을 주신다고 하셨습니다.

"그때에 처녀는 춤추며 즐거워하겠고 청년과 노인이 함께 즐거워하리니, 내가 그들의 슬픔을 돌이켜 즐겁게 하며 그들을 위로하여 근심한 후에 기쁨을 얻게 할 것임이니라."(렘 31:13)

하나님이 이스라엘 백성들에게 어떻게 이처럼 기쁨과 즐거움을 주시는지, 그 내용이 아래에 기록되어 있습니다. 31절입니다.

"나 여호와가 말하노라. 보라 날이 이르리니 내가 이스라엘 집과 유다 집에 새 언약을 세우리라."(렘 31:31)

하나님이 날이 이르면 새 언약을 세우겠다고 하셨습니다. 이전에 있었던 언약은 어떤 언약이었습니까?

"나 여호와가 말하노라. 이 언약은 내가 그들의 열조의 손을 잡고 애굽 땅에서 인도하여 내던 날에 세운 것과 같지 아니할 것은 내가 그들의 남편이 되었어도 그들이 내 언약을 파하였음이니라."(렘 31:32)

이전 언약은, 하나님이 이스라엘 백성을 애굽 땅에서 인도하여 내던 때에 세운 율법이었습니다. 하나님이 이스라엘 백성에게 '내가 주는 법을 지키면 복을 주겠다'고 하셨고, 이스라엘 백성이 하나님이 명하신 대로 다 행하겠다고 했습니다. 하지만 그들은 그 약속을 지키지 못하고 율법을 범했습니다. 그 결과로 죽임을 당하고 저주를 받아야 했습니다.

만약 인간이 율법을 지켜서 복을 받을 수 있다면 새 언약이 필요하지 않습니다. 율법을 지킬 수 있는 사람이 한 사람도 없기 때문에 하나님이 새 언약을 세운다고 하셨습니다. 하나님은 십계명을 비롯해 율법을 어긴 사람들을 위해 새로운 언약 세우길 원하셨습니다. 새 언약 아래서 우리가 구원받고 기쁨과 즐거움을 얻도록 하셨습니다. 그 언약은 인간이 율법을 잘 지켜야 복을 받는 첫 언약과 달리, 예수 그리스도로 말미암아 우리가 복을 받는 언약이었습니다.

내가 그들의 죄악을 사하고, 그 죄를 기억지 아니하리라

우리가 율법을 다 지킨다면 새 언약은 필요 없습니다. 예수님이 없어도 하늘나라에 갈 수 있기 때문입니다. 그러나 인간은 율법을 지키는 일에 실패했습니다. 율법을 다 행하겠다고 했던 이스라엘 백성이 율법을 어겨 결국 나라가 망하고 사람들이 포로로 사로잡혀 갔습니다. 그들이 옛 언약대로 하지 못했기 때문에 하나님이 새 언약을 세운다고 말씀하셨습니다.

인간은 처음부터 율법을 지키지 못한다고 해야 했습니다. "하나님, 율법을 지켜야 복을 받는다면 그것은 저주를 받으라는 소리밖에 안 됩니다. 우리는 못 지킵니다." 이렇게 말해야 했습니다. 율법 아래 있으면 저주를 받을 수밖에 없기 때문입니다. 그런데 오늘날도 한국의 많은 목사님들이 십계명을 지키면 복을 받는다고 가르칩니다. 그렇게 가르치는 목사님들이 굉장히 많습니다. 자신도 지키지 못하는 계명을 지켜야 한다고 가르치는, 잘못된 이야기입니다. 교인들을 지옥으로 끌고 가는 이야기입니다.

십계명은 한 번만 어겨도 저주입니다. 그렇기 때문에 우리에게는 하나님의 은혜와 긍휼이 필요합니다. 십계명을 지켜서 복을 받으려고 하는 사람은, 평생 교회에 다니며 하나님을 믿어도 천국에 갈 자신이 없어서 죽을 때 벌벌 떨다 죽습니다. 기독교인들 가운데 죽음 앞에 섰을 때, 지은 죄가 많은데 그 죄를 사함 받지 못해 지옥에 갈 것이 두려워서 "나 좀 어떻게 해줘!" 하며 떨면서 죽는 사람이 얼마나 많은지 모릅니다. 목회자들이 성경을 몰라 교인들을 그렇게 인도하면서 복음을 전하는 박옥수 목사는 이단이라고 합니다. 정말 우습고도 슬픈 이야기입니다.

이스라엘 백성들이 율법을 지키려고 했지만 어겨서 결국 저주를 받았습니다. 나라가 망하고 사람들이 포로로 잡혀가 종살이를 했습니다. 그때 하나님이 새 언약을 세우겠다고 하셨습니다. 이전 언약을 새 언약으로 바꾸겠다고 하셨습니다. 그렇다면 새 언약은 우리가 지킬 만한 것이겠습니까, 십계명처럼 지키기 어려운 것이겠습니까? 예, 지킬 수 있는 것입니다. 율법은 하나님에게 맞는 법이고, 새 언약은 인간에게 맞는 법입니다.

"나 여호와가 말하노라. 그러나 그날 후에 내가 이스라엘 집에 세

울 언약은 이러하니 곧 내가 나의 법을 그들의 속에 두며 그 마음에 기록하여 나는 그들의 하나님이 되고 그들은 내 백성이 될 것이라."(렘 31:33)

하나님이 새 법을 우리 속에 두며 우리 마음에 기록하겠다고 하셨습니다. 그 내용이 다음 구절에 나옵니다.

"그들이 다시는 각기 이웃과 형제를 가리켜 이르기를 '너는 여호와를 알라' 하지 아니하리니 이는 작은 자로부터 큰 자까지 다 나를 앎이니라. 내가 그들의 죄악을 사하고 다시는 그 죄를 기억지 아니하리라. 여호와의 말이니라."(렘 31:34)

인간이 죄를 짓지 않아야 하는 것이 아니라, 하나님이 우리 죄악을 사하시고 다시는 그 죄를 기억하지 않는다고 하셨습니다.

"내가 그들의 죄악을 사하고 다시는 그 죄를 기억지 아니하리라."

이것이 하나님이 우리에게 주신 새로운 언약입니다.

여기에 죄를 사함 받는 길이 기록되어 있구나!

저는 소년 시절에 교회에 다녔지만 도둑질도 많이 하고 거짓말도 많이 했습니다. 제가 못났기 때문에 제 이야기를 할 때 거짓말을 조금 보태 부풀리는 것을 좋아했습니다. 거짓말 조금 보태는 것이 큰 죄는 아닌 것 같고 다른 사람에게 피해를 주는 것도 아닌 것 같아서 그렇게 했습니다. 그런데 거짓말이 정말 잘 늘었습니다. 처음에는 친구들에게 나를 좀 괜찮은 사람으로 보이려고 거짓말을 했는데, 나중에는 입을 열면 거짓말이 나왔습니다.

몇 달이 지난 뒤, 제가 이야기하면 친구들이 "옥수 또 구라 치고 있네."라고 했습니다. 거짓말을 안 하려고 아무리 애써도 안 되었습니다. 매일 새벽마다 교회에 가서 죄를 용서해 달라고 기도하고, '오늘은 거짓말하지 말아야지!' 해도 친구들과 만나 입을 열면 거짓말이 나왔습니다. '나는 안 되는구나. 지옥에 가야 하는구나.'라고 생각했습니다.

그렇게 고통스럽게 지내다가 성경을 읽기 시작했습니다. 성경을 정말 많이 읽었습니다. 다른 일 하지 않고 하루에 열 시간씩 성경을 읽으면 신구약 성경을 6일에 한 번 읽을 수 있습니다. 제가 성경을 한 번 읽고, 두 번 읽고, 열 번 읽고, 스무 번 읽고, 서른 번 읽고, 많이 읽었습니다.

성경을 읽기 시작해서 몇 번 읽었을 때 레위기 4장에서 기가 막힌 내용을 발견했습니다.

"여호와께서 모세에게 일러 가라사대, 이스라엘 자손에게 고하여 이르라. 누구든지 여호와의 금령 중 하나라도 그릇 범하였으되"(레 4:1~2)

레위기 4장에 속죄제사에 관하여 기록되어 있었습니다. 제사장이 범죄했을 때, 이스라엘 회중이 범죄했을 때, 족장이 범죄했을 때, 평민이 범죄했을 때 죄를 어떻게 사함 받는지 자세히 기록되어 있었습니다. '야, 여기에 죄를 사함 받는 길이 기록되어 있구나!'

오늘날 교회에 다니는 많은 사람들이 죄를 사함 받는 길을 몰라서 회개하면 죄가 씻어지는 줄 압니다. "하나님, 죄를 지었습니다. 용서해 주십시오." 울면서 이렇게 기도하면 죄가 씻어지는 줄 알지만, 아무리 회개해도 죄는 씻어지지 않습니다. 레위기 4장에 죄가 사해지는 길이 정확히 나와 있었습니다. 너무 좋아서 이 내용을 다 외우다 시피 했습니다. 당시 저는 평민이었으니까 27절부터 나오는 평민의 속죄제사를 자세히 살펴보았습니다.

"만일 평민의 하나가 여호와의 금령 중 하나라도 부지중에 범하여 허물이 있었다가 그 범한 죄에 깨우침을 받거든 그는 흠 없는 암염소를 끌고 와서 그 범한 죄를 인하여 그것을 예물로 삼아 그 속죄제 희생의 머리에 안수하고 그 희생을 번제소에서 잡을 것이요, 제사장은 손가락으로 그 피를 찍어 번제단 뿔에 바르고 그 피 전부를 단 밑에 쏟고 그 모든 기름을 화목제 희생의 기름을 취한 것같이 취하여 단 위에 불살라 여호와께 향기롭게 할지니, 제사장이 그를 위하여 속죄한 즉 그가 사함을 얻으리라."(레 4:27~31)

여기 보면, 31절에 분명히 "그가 사함을 얻으리라."라고 되어 있습니다. 성경에 기록된 대로 속죄제사를 드리면 죄 사함을 받는다는 것입니다. 그런데 오늘날 많은 교회에서 죄를 사함 받는 길을 정확히 모르니까 십계명을 지키면 천국에 간다고 가르치고, 회개하면 천국에 간다고 가르칩니다.

사람이 죄를 짓고, 자신이 범죄한 사실을 깨달으면 흠 없는 암염소를 끌고 성막으로 가야 합니다. 죄의 삯은 사망이기 때문입니다. 무슨 죄를 지었든지 그 죄를 사함 받기 위해서는 사망을 지불해야 합니다. 이스라엘 백성 가운데 평민이 죄를 지었으면 흠 없는 암염소를 준비합니다.

"암염소야, 이리 와. 맛있는 것 많이 줄 테니 잔뜩 먹어라."

그리고 이야기합니다.

"내가 죄를 지었어. 죄의 삯은 사망이기에, 미안한데 네가 나 대신 사망을 당해 다오."

암염소가 죄를 지은 사람 대신 피를 흘리고 죽으면 그 피를 번제단 뿔에 발라서 죄를 씻었습니다.

구약 성경에 기록된 속죄제사에는 반드시 속죄 제물이 필요합니다. 그 제물인 소나 양이나 염소는, 하나님의 어린양으로 세상에 오셔서 속죄 제물이 되어 인류의 모든 죄를 씻으실 예수님을 나타내는 그림자입니다. 성경은 죄를 지은 사람이 하나님께 용서를 빌면 죄를 용서해 준다고 이야기하지 않습니다. 죄의 삯인 사망을 지불해야 죄가 사해진다고 이야기합니다. 죄를 지은 사람이 죽지 못해 속죄 제물이 대신 죽음으로써 죄가 씻어졌습니다. 예수님이 우리 죄를 위해 죽으심으로 말미암아 우리 죄가 씻어지는 것을 가르쳐 주기 위해 하나님은 레위기 4장에 속죄제사를 기록하신 것입니다.

그런데 속죄제사에 이상한 내용이 있습니다. 흠 없는 암염소를 끌고 성막으로 가서, 제일 먼저 염소의 머리에 안수하라고 했습니다.

"그 범한 죄에 깨우침을 받거든 그는 흠 없는 암염소를 끌고 와서 그 범한 죄를 인하여 그것을 예물로 삼아 그 속죄제 희생의 머리에 안수하고…"(레 4:28~29)

제가 성경을 읽으면서 이 대목이 이해가 가지 않았습니다. '목사나 장로 될 때 안수를 받는데 염소가 왜 안수를 받지?' 하나님이 사람을 남자와 여자로 만들어 짝이 되게 하신 것처럼, 성경에는 짝이 있습니다. 하나님이 남자만 만드셨으면 어떻게 됩니까? 남자들이 잘난

척하고 살다가 죽으면 인류가 끝입니다. 반대로 여자만 만드셨으면 어떻게 됩니까? 여자가 아무리 예뻐도 혼자 만족하고 살다가 끝입니다. 하나님이 남자와 여자가 짝을 이루게 만들어 자녀가 태어나서 인류가 이어지게 하셨습니다. 하나님은 성경도 짝을 이루게 기록하셨습니다. 성경의 어떤 대목을 읽다가 이해가 가지 않으면 그 짝을 찾아서 맞춰 보면 분명히 이해가 됩니다.

제가 레위기 4장을 읽다가 염소 머리에 왜 안수해야 하는지 이해가 가지 않았습니다. 그래서 그 짝을 찾고 찾았습니다. 요즘은 컴퓨터로 검색하면 안수에 관련된 성경 구절들을 금방 다 뽑아낼 수 있지만, 옛날에는 차근차근 읽으면서 찾아야 했습니다. 성경을 몇 달을 읽어도 그 짝을 찾지 못하다가, 어느 날 마침내 그 짝을 찾았습니다. 레위기 4장에서 얼마 떨어지지 않은 레위기 16장에 있었습니다.

"아론은 두 손으로 산 염소의 머리에 안수하여 이스라엘 자손의 모든 불의와 그 범한 모든 죄를 고하고 그 죄를 염소의 머리에 두어 미리 정한 사람에게 맡겨 광야로 보낼지니"(레 16:21)

여기에 안수하는 이유가 기록되어 있습니다. 안수함으로 죄를 염소의 머리에 둔다고 했습니다. 안수해서 지은 죄를 속죄 제물에게 넘기는 것입니다. 속죄 제물이 그냥 죽으면 무슨 이유로 죽었는지 알 수 없습니다. 안수해서 죄를 넘긴 뒤 죽여야, 흠 없는 암염소가 한 평민이 지은 죄의 값을 지불하기 위해 죽은 것이 되는 것입니다.

세상 죄를 지고 가는 하나님의 어린양

앞에서 이야기하길, 구약 시대에 드린 속죄제사는 그림자라고 했습니다. 진짜 속죄제사는 하나님의 어린양인 예수 그리스도가 속죄 제물이 되어 드리는 제사입니다. 그 속죄제사 이야기가 신약 성경에 자세히 기록되어 있습니다. 그 내용을 찾아보겠습니다. 마태복음 3장 13절부터입니다.

"이때에 예수께서 갈릴리로서 요단강에 이르러 요한에게 세례를 받으려 하신대 요한이 말려 가로되 '내가 당신에게 세례를 받아야 할 터인데 당신이 내게로 오시나이까?' 예수께서 대답하여 가라사대 '이제 허락하라. 우리가 이와 같이 하여 모든 의를 이루는 것이 합당하니라' 하신대 이에 요한이 허락하는지라."(마 3:13~15)

예수님이 세례 요한에게 세례를 받는 이야기입니다. 예수님이 세례를 받으신 이유는 모든 의를 이루기 위함이었습니다. 예수님이 세례를 받으면 어떻게 모든 의가 이루어집니까? 세례 요한이 예수님에게 세례를 베풀 때 예수님의 머리에 손을 얹고 안수했습니다. 그냥 세례가 아니라, 모든 죄를 씻어서 모든 의를 이루기 위해 인류의 죄를 예수님에게 넘기는 과정이었습니다. 이 말씀의 짝인 요한복음 1장 29절에서 분명히 확인할 수 있습니다.

"이튿날 요한이 예수께서 자기에게 나아오심을 보고 가로되, 보라 세상 죄를 지고 가는 하나님의 어린 양이로다."(요 1:29)

세례 요한이 예수님이 자기에게 오심을 보고 "보라, 세상 죄를 지고 가는 하나님의 어린양이로다."라고 했습니다. 예수님이 세상 죄를 짊어지셨다는 것입니다. 세례 요한이 예수님의 머리에 안수할 때 세상 죄가 예수님에게 넘어갔기 때문입니다.

예수님이 세례 요한에게 세례를 베풀라고 하셨을 때, 요한은 예수님이 자기에게 세례를 받아야 하는 이유를 몰랐습니다. 그래서 "내가 당신에게 세례를 받아야 할 터인데 당신이 내게로 오시나이까?"라고 했습니다. 예수님이 다시 요한에게 "이제 허락하라. 우리가 이와 같이 하여 모든 의를 이루는 것이 합당하니라." 하셨을 때, 요한은 예수님이 세례를 받으시는 이유를 알았습니다. 모든 죄를 넘겨받아 모든 의를 이루려는 과정이라는 사실을 알고, 세례를 베풀며 예수님의 머리에 안수했습니다.

구약 시대에 속죄 제물이 그냥 죽으면 죄가 사해지는 것과 아무 상관이 없습니다. 예수님도 그냥 돌아가시면 우리 죄가 사해지는 것과 상관이 없습니다. 예수님은 십자가에 못 박히시기 전에 구약 성경에 기록된 대로 우리 죄를 넘겨받으셨습니다. 이제 예수님의 죽음은 우리 죄를 씻기 위한 죽음인 것입니다.

죄를 사함 받으려면 울면서 죄를 용서해 달라고 기도해야 하는 것이 아닙니다. 죄의 삯인 사망을 지불해야 합니다. 그런데 세상의 모든 죄가 예수님에게 넘어갔습니다. 죄가 여러분에게 있습니까? 우리 죄가 예수님에게 넘어갔습니다. 예수님이 우리 죄를 짊어지고 십자가에 못 박혀 피를 흘리고 죽으셨습니다. 죄의 삯인 사망을 지불하셨습니다. 그렇게 해서 우리 죄가 끝이 났습니다. 분명합니까?

이것이 속죄제사입니다. 속죄제사를 드리면 죄가 깨끗이 씻어집니다. 죄가 끝이 납니다. 죄를 지은 사람이 거룩해집니다. 히브리서 10장 10절을 읽어보겠습니다.

"이 뜻을 좇아 예수 그리스도의 몸을 단번에 드리심으로 말미암아 우리가 거룩함을 얻었노라."(히 10:10)

성경은 예수님의 몸을 속죄 제물로 드리심으로 말미암아 우리가 거룩함을 얻었다고 했습니다. 우리가 거룩해졌습니다.

교인들을 다 죄인을 만들어 놓은 한국 교회
여러분은 죄인입니까? 만일 여러분이 죄인이라면 예수님은 실패하셨다는 이야기입니다. 예수님이 죄의 삯을 지불한 것이 잘못되어서 우리 죄가 씻어지지 않았다는 말입니다. 그렇지 않습니다. 여러분의 죄가 분명히 예수님에게 넘어갔고, 예수님이 세상 죄를 지고 십자가에 못 박혀 죽으셨으며, 그때 여러분의 죄가 끝이 났습니다. 그래서 우리가 예수님을 믿고 죄 사함을 받는 것입니다.

성경에 '회개하고 죄 사함을 받으라'고 되어 있습니다. 여러분이 죄를 지었으면 '내가 도둑질했는데 잘못했다' 하고 뉘우친 다음 죄 사함을 받아야 합니다. 죄를 어떻게 사함 받습니까? 성경에 그 길이 분명히 기록되어 있습니다. '아, 성경에 보니 예수님이 내 죄를 다 씻어 놓으셨구나. 그렇다면 내 죄가 사해졌다. 주님, 더러운 죄를 씻어 주셔서 감사합니다.' 하고 받아들이는 것입니다. 이렇게 하는 것이 참된 신앙입니다.

오늘날 한국 교회는 교인들을 다 죄인을 만들어 놓았습니다. 성경을 잘 모르는 목회자들이 그렇게 했습니다. 그리고 성경대로 죄 사함의 복음을 전하는 우리를 보고는 이단이라고 합니다. 성경에 분명히 기록되어 있는데, 성경을 제대로 보지 않고 자기 생각대로 신앙생활을 하기 때문입니다.

몇 년 전에 홍콩에서 많은 목회자들이 모임을 가졌는데, 우리 선교회 목회자도 한 사람 참석했습니다. 그 자리에서 어떤 목사가 기쁜소식선교회는 기도도 하지 않는 이단이라고 말했습니다. 그곳에 있던 우리 선교회 목회자가 일어서서 말했습니다. "내가 기쁜소식선교회 소속 목사입니다. 당신이 우리가 기도하지 않는 것을 보았습니까? 우리 교회에서는 매일 새벽에 기도하고, 예배 시간에 기도하고, 자주 기도회를 갖습니다. 무슨 근거로 그렇게 이야기합니까?" 그러자 우리를 비방했던 목사가 우물쭈물하다가 잘못했다며 그 자리에서 도망을 갔습니다. 그 자리에 참석한 많은 목회자들이 '홍콩에 있는 교회들은 기쁜소식선교회와 교류하길 원한다'고 성명서를 발표했습니다.

사람들이 성경과 상관없이 자신이 믿는 것과 다르면 무조건 이단이라고 합니다. 자신이 틀린 줄도 모르고 말입니다. 오늘 한국의 많은 교인들이 죽음을 앞두고 왜 발버둥치다 죽습니까? 큰 교회의 장로가 되려면 많은 돈을 헌금해야 합니다. 그렇게 해서 장로가 되고 교회에서 많은 일을 했지만 죽음 앞에 서면 두려운 겁니다. 천국에 가고 싶지만 마음에 죄가 남아 있어서 지옥에 갈 것 같은데, 해결할 길이 없으니까 미칠 지경인 겁니다. 그렇게 괴로워하다가 숨을 거둡니다. 얼마나 불쌍한지 모릅니다. 성경은 죄 사함 받는 길을 아주 쉽고 분명하게 이야기해 놓았는데 말입니다.

내가 하늘나라에 가고 싶지만 무슨 공로가 있어야지
저희 아버지는 죽음 앞에서 구원을 받으셨습니다. 아버지는 친구를 참 좋아하셨습니다. 선산에서 태어나고 함께 자란 친구들과 사이가 아주 좋았습니다. 제가 구원받은 뒤 아버지에게 예수님을 믿으셔야 한다고 말씀드리면 아버지는 다음으로 미루셨습니다.

"내가 내년 가을에 믿을게."

"왜 그러십니까?"

"내년 가을에 나하고 둘도 없이 친한 친구 회갑이 있어. 내가 회갑 잔치에 가서 술 한 잔 하지 않으면 친구가 섭섭해한다. 그 회갑 잔치 마치고 내가 술 딱 끊고 예수 믿을게."

그렇게 미루시다 보니 십수 년이 흘렀습니다.

제가 대구에서 교회를 처음 시작할 때, 형님이 선산에 있는 고향 집을 다시 지으려고 했습니다. 집을 지으려면 돈이 많이 드는데, 마침 일본에 계시던 작은아버지가 오셔서 형님이 도와 달라고 부탁드렸습니다.

"작은아버지, 제가 집을 지으려고 하는데 돈이 모자랍니다. 도와주시면 안 되겠습니까?"

작은아버지는 태평양전쟁 때 일본으로 갔다가 오사카 근교에 자리를 잡았고, 토목 공사로 돈을 아주 많이 버셨습니다. 한국에서는 돈이 많으면 가족이나 친척이 꼭 필요할 때 돕는 것이 자연스럽지만, 작은아버지는 일본에서 오랫동안 살다 보니 일본 사람이 다 되어서 "나는 못 도와준다."라고 딱 잘라 말씀하셨습니다. 옆에서 듣던 제가 민망할 정도였습니다. 그리고 덧붙여 말씀하셨습니다.

"돈이 필요하면 우리 회사에 와서 일해라. 너는 내 조카니까 내가 밥은 먹여주고 잠은 재워줄 테니, 일해서 필요한 만큼 벌어라."

그때 일본 임금이 한국의 열 배였습니다. 6개월을 일하면 필요한 돈을 마련할 수 있어서 형님이 일본으로 갔습니다. 떠나기 전에 형님이 저에게 이야기했습니다.

"옥수야, 내가 일본에 있는 동안 네가 아버지를 모시면 안 되겠냐?"

"예, 그렇게 하지요."

안 그래도 아버지를 모시고 싶었기에 감사했습니다. 우리가 거하던 곳에 좋지는 않지만 조그마한 방이 하나 있어서 아버지가 그 방에서 지내셨습니다. 아버지가 우리와 함께 지내는 동안 복음을 전하려고 했지만 아버지는 듣지 않으려고 하셨습니다. 아버지가 위궤양이 심해 언제 돌아가실지 몰라 속이 탔습니다. 그렇게 지내던 어느 날 아버지가 저를 부르셨습니다.

"은숙이 애비 있나?"

제 딸 이름이 '은숙'이여서 아버지는 저를 은숙이 애비라고 부르셨습니다.

"예, 아버지."

"좀 들어오너라."

아버지가 몸이 불편한 곳이 있어서 아내와 함께 들어갔는데, 누워 계시던 아버지가 몸을 일으켜 앉으시더니 갑자기 '웩' 하고 피를 토하셨습니다. 위궤양으로 출혈된 피가 위에 고여 있다가 쏟아져 나왔던 것입니다. 출혈된 지 오래되어서 피가 팥죽처럼 시커먼 색이었습니다. 제 아내는 깜짝 놀라 엉엉 울었습니다. 그 방에 있던 세 사람 모두 아무 말도 하지 않았지만 똑같은 생각을 했습니다. '이제 아버지가 돌아가시는구나….' 피를 닦은 뒤 새 이불에 아버지를 뉘어 드렸습니다.

"아버지, 괜찮으십니까?"

"그래, 괜찮다."

"아버지, 형님도 안 계시는데 아버지가 돌아가시면 우리가 아버지 목소리가 듣고 싶어 녹음 장치를 설치했습니다. 하고 싶은 이야기를 하시면 녹음해 두었다가 아버지가 생각날 때 듣겠습니다."

"잘 했다. 안 그래도 내가 하고 싶은 이야기가 있었다."

아버지가 쉬어 가며 한 시간 가까이 유언을 하셨습니다. 이야기를 다 마치고 마지막으로 이렇게 말씀하셨습니다.

"내가 죽거든 서당 마을 김 씨를 불러라. 그 사람은 내가 어릴 때부터 돌보아 주었기 때문에 내 옷을 갈아입힐 때 더럽다고 안 할 거다. 그리고 내 장지는 뒷골 네 어머니 곁으로 해라."

아버지가 유언을 마치신 뒤 제가 말했습니다.

"아버지, 아버지가 돌아가시면 말씀하신 그대로 하겠습니다. 그런데 아버지의 몸은 그렇게 가시지만 아버지의 영혼은 어디로 가시겠습니까?"

그러자 아버지가 '후-' 하고 한숨을 내쉬며 힘없는 목소리로 말씀하셨습니다.

"내가 하늘나라에 가고 싶다. 그런데 너무 늦었다. 무슨 공로가 있어야 가지."

아버지의 이야기를 듣고 제가 정말 기뻤습니다. 하늘나라는 우리 공로로 가는 것이 아니라 예수님의 공로로 가는 것이기 때문입니다. 그날 제가 복음을 전해 아버지가 구원을 받으셨습니다. 아버지가 누운 채 혼잣말로 기도를 하셨습니다.

"하나님, 예수님, 고맙습니다. 내 죄를 지고 십자가에서 벌을 받으신 예수님 감사합니다."

아버지가 곧 세상을 떠나실 것 같아 앰뷸런스를 불러 아버지를 고향 선산으로 모셨습니다. 아버지는 이튿날 아침에 일어나 "얘들아, 내가 어제 저녁에 참 평안하게 왔다. 대구에서 오는 길이 힘해서 고생할 줄 알았는데 어제 그 차 너무 좋더라. 너희들 찬송 좀 불러라." 하셨습니다. 우리가 찬송가를 불렀습니다. 아버지는 친구들을 불러오라고 하셨습니다. 소식을 듣고 달려온 친구들에게 전도를 하셨습니다.

"나는 우리 둘째 은숙이 애비 믿는 예수 믿고 하늘나라에 가네. 내가 먼저 가서 좋은 자리를 많이 맡아 놓을 테니까, 자네들도 우리 은숙이 애비 믿는 예수 믿고 하늘나라에서 만나 다시 행복하게 사세."

아버지가 구원을 받고 기뻐하며 세상을 떠나셨습니다.

손가락으로 땅에 글씨를 쓰신 예수님

예레미야 31장 말씀을 다시 한 번 보겠습니다.

"나 여호와가 말하노라. 보라 날이 이르리니 내가 이스라엘 집과 유다 집에 새 언약을 세우리라."(렘 31:31)

"… 내가 그들의 죄악을 사하고 다시는 그 죄를 기억지 아니하리라. 여호와의 말이니라."(렘 31:34)

하나님이 새 언약을 세우겠다고 하셨습니다. 그 언약은 하나님이 우리 죄악을 사하시고, 우리 죄를 다시는 기억하지 않는다는 것이었습니다.

요한복음 8장에 보면, 서기관들과 바리새인들이 간음하다 잡힌 여자를 끌고 예수님 앞에 와서 물었습니다.

"선생이여, 이 여자가 간음하다가 현장에서 잡혔나이다. 모세는 율법에 이러한 여자를 돌로 치라 명하였거니와 선생은 어떻게 말하겠나이까?"

그때 예수님이 손가락으로 땅에 글씨를 쓰셨습니다. 많은 사람들이 예수님이 왜 그렇게 하셨는지 궁금해합니다. 하나님이 글씨를 쓰신 것이 성경에 딱 두 번 나옵니다. 첫 번째는 십계명을 주실 때 하나님이 돌판에 친히 써서 주셨습니다. 두 번째는 예수님이 손가락으로 땅에 글씨를 쓰셨습니다. 첫 번째 언약인 율법을 주실 때에도 하나님이 써서 주셨고, 두 번째 언약을 세울 때에도 예수님이 손가락으로 친히 쓰셨습니다. 요한복음 8장에서 예수님은 새 언약을 쓰신 것입니다. 그 내용은 "내가 그들의 죄악을 사하고 다시는 그 죄를 기억지 아니하리라."입니다.

서기관들과 바리새인들이 간음 중에 잡힌 여자를 끌고 왔을 때 예수님이 새 언약을 쓰셨습니다. 옛 언약인 율법대로 심판하면 여자는 돌에 맞아 죽어야 하지만, 새 언약으로 심판하니까 여자가 죄의 값을 치르지 않아도 되었습니다. 그 죄를 하나님이 사한다고 약속하신 대로 예수님이 십자가에 못 박혀 여자의 죄를 씻기 때문입니다. 여자가 죄를 지었지만 새 언약대로 죄가 다 씻어졌습니다. 죄에서 벗어나 의롭게 되었습니다.

우리에게는 옛 언약인 율법이 아니라 새 언약이 필요합니다. 새 언약은 우리가 무엇을 행해야 하는 것이 아닙니다. 하나님이 일하시고, 예수님이 일하시는 언약입니다. "내가 그들의 죄악을 사하고 다시는 그 죄를 기억지 아니하리라." 하나님이 우리에게 언약하신 대로 예수님이 십자가에 못 박혀 죽어서 우리 죄를 영원히 씻으셨습니다.

안타깝게도, 얼마나 많은 교인들이 죄를 사함 받지 못해 기도원에 가서 죄를 용서해 달라고 울며 부르짖고 있습니까? 죄는 울어서 사함 받지 못합니다. 회개한다고 사해지는 것도 아닙니다. 그 삯인 죽음을 지불해야 사해집니다. 예수님이 우리 죄의 값을 지불하셨습니다. 인류의 모든 죄를 지고 십자가에 못 박혀 피를 흘리고 돌아가셨습니다.

죄인이라고 하는 사람은 예수님을 믿는 사람이 아닙니다. 죄인은 죄에서 구원받지 못한 사람입니다. 그 사람은 구원자인 예수님을 믿지 않는 사람입니다. 저는 살아 있는 동안 예수님이 우리 죄를 다 씻었다는 복음을 실컷 외치다 죽으려고 합니다. 여러분도 이 복음을 믿고, 가까운 가족들에게 복음을 전하십시오. 복음을 전하면 말할 수 없이 행복해집니다.

02

어두움의 길과 빛의 길

2장

∞

어두움의 길과
빛의 길

구약 성경 열왕기하 5장 1절부터 읽겠습니다.

"아람 왕의 군대장관 나아만은 그 주인 앞에서 크고 존귀한 자니 이는 여호와께서 전에 저로 아람을 구원하게 하셨음이라. 저는 큰 용사나 문둥병자더라. 전에 아람 사람이 떼를 지어 나가서 이스라엘 땅에서 작은 계집아이 하나를 사로잡으매 저가 나아만의 아내에게 수종들더니 그 주모에게 이르되 '우리 주인이 사마리아에 계신 선지자 앞에 계셨으면 좋겠나이다. 저가 그 문둥병을 고치리이다.' 나아만이 들어가서 그 주인에게 고하여 가로되 '이스라엘 땅에서 온 계집아이의 말이 이러이러하더이다.' 아람 왕이 가로되 '갈지어다. 이제 내가 이스라엘 왕에게 글을 보내리라.' 나아만이 곧 떠날새 은 십 달란트와 금 육천 개와 의복 열 벌을 가지고 가서 이스라엘 왕에게 그 글을 전하니 일렀으되 '내가 내 신하 나아만을 당신에게 보내오니 이 글이 당신에게 이르거든 당신은 그 문둥병을 고쳐주소서' 하였더라."(왕하 5:1~6)

성경에 기록된 이야기들은, 그냥 이야기 같지만 여러분의 삶과 굉장히 밀접한 관계를 가지고 있습니다. 성경은 여러분의 삶에 관한 모든 것을 이야기하고 있습니다.

남편과 어린 딸을 죽인 부인의 슬픈 이야기

오래 전에 제가 교도소 교화위원으로 일하며 재소자들과 성경 공부를 할 때의 일입니다. 한번은 전주 교도소에서 저에게 연락해 어떤 부인과 상담을 해달라고 부탁했습니다. 그 부인은 자기 남편과 태어난 지 얼마 되지 않은 딸을 칼로 찔러 죽인 죄로 오랫동안 복역했는데, 출소를 앞두고 '사회에 나가서 또 그런 죄를 저지를 위험이 있는지' 살피기 위해 저에게 상담을 부탁했습니다.

상담실에서 그 부인과 마주보고 앉았습니다. 남편과 어린 딸을 죽인다는 것이 보통 사람으로서는 상상이 되지 않는 일이기에 단둘이 있는 것이 처음에는 조금 편하지 않았습니다. 그런데 그 부인이 어떻게 살인자가 되었는지 이야기를 들으면서 가슴이 정말 아팠습니다.

이 부인이 병원에서 예쁜 딸을 낳은 뒤 집으로 돌아와 지냈습니다. 아침에 남편이 출근한 후 딸을 목욕시켜 수건으로 닦아서 뉘여 놓았는데, 너무 예뻤습니다. 어떤 부인이든지 자신이 낳은 아이가 예쁘지 않은 경우는 없을 것입니다. 그런데 이 부인은 그 정도가 지나쳤습니다. 딸이 예쁜 것을 넘어서서 견디지 못할 만큼 예뻤습니다.

사람의 생각이 지나치게 한쪽으로 쏠리면 악한 영이 작용합니다. 사탄이 이 부인의 마음에 생각을 넣어 주었습니다. 어느 날, 아무 이유 없이 갑자기 '이 예쁜 딸을 누가 칼로 찔러서 죽이면 어떡하지?'라는 생각이 들었습니다. 누가 남의 갓난아이를 칼로 찔러 죽입니까? 그런데 그 생각이 드니까 너무 두려웠습니다. 얼른 아파트 경비실에 전화를 했습니다.

"아저씨, 우리 집에 찾아온 사람 없어요?"

"예, 없습니다."

"아무도 못 오게 하세요."

"알겠습니다."

문을 다 걸어 잠근 뒤 남편에게 전화를 했습니다.

"여보, 너무 무서워."

"우리 집인데 뭐가 무서워? 당신이 아이를 낳고 몸이 약해져서 그래. 무서워하지 마."

밤에 자다가도 딸이 괜찮은지 자꾸 확인하고, 불안한 마음을 떨칠 수 없었습니다. 계속 잠을 제대로 자지 못하고 불안한 마음에 시달리다 보니, 이번에는 '이러다 내가 죽으면 어떡하지?'라는 생각이 들었습니다. 죽을 이유가 전혀 없고 병도 없었지만 그냥 죽을 것 같은 생각이 들었습니다. 생각이 계속 이어졌습니다.

'내가 죽으면 어떤 일이 일어날까?' 남편이 새 아내를 얻을 것 같았습니다. 그 여자가 자신이 누워 있는 침대에서 남편과 같이 자고, 자신이 쓰는 화장대를 쓰고…. 그 일을 생각하니 분하고 억울했습니다. '나쁜 자식, 내가 죽었다고 다른 여자를 얻어서 즐겁게 살아?' 이어서 새로 들어온 여자가 자기 딸을 괴롭히는 장면이 생각되었습니다. 추운 겨울 밤에 옷을 벗긴 뒤 딸을 집 밖으로 내쫓는 모습이 상상되었습니다. "아빠, 너무 추워요. 무서워요. 문 열어 주세요." 딸은 두려움에 떨면서 문을 두드리는데 집 안에서는 남편이 새 여자와 즐겁게 음식을 먹는 광경이 떠올랐습니다. 이 부인의 눈에서 눈물이 흐르기 시작했습니다.

"아가야, 아가야. 엄마가 죽으면 그 못된 여자 밑에서 어떻게 살래?"

이 부인이 울면서 아기에게 말했습니다.

"그렇게 못된 여자 밑에서 고통 받으며 사는 것보다 차라리 죽는 게 나아. 엄마가 죽기 전에 너를 죽여 주고 죽을게."

이 부인이 자기 딸을 죽이기로 마음먹었습니다. 그런데 갑자기 또 다른 생각이 들었습니다. '그놈도 죽여야 돼. 내가 죽었다고 다른 여자를 데려와서 우리 딸을 괴롭히는 나쁜 놈!' 남편도 죽여야겠다고 생각했습니다. 남편은 아무것도 모른 채, 퇴근한 뒤 아내를 위해 음식을 사들고 집으로 들어왔습니다. 아내가 현관 문 뒤에서 부엌칼을 들고 서 있다가 문을 열고 들어오는 남편의 배를 찔렀습니다. 그 자리에서 남편이 죽었습니다. 딸도 칼로 찔러 죽였습니다. 자신도 죽으려고 칼을 마구 휘둘러서 왼팔이 잘리고 피투성이가 되었습니다. 그 상태로 경찰에게 잡혔습니다. 그 후 교도소에 수감되어 죄 값을 치렀습니다.

이 부인이 울면서 두 시간 반가량 자신의 이야기를 했습니다. 그날 이 부인이 복음을 듣고 죄 사함을 받았습니다. 지금은 출소한 뒤 결혼해서 새 삶을 살고 있습니다.

제가 교도소 교화위원으로 지내면서 많은 재소자들과 이야기를 나누었습니다. 그들이 어떻게 죄를 지었는지 이야기를 들어보면, 죄에 끌려들어갈 때 어떤 생각이 마음을 이끌고 가는 것을 볼 수 있었습니다.

하나님, 왜 저를 아람 사람의 종이 되게 하셨어요?

사람들 가운데 악한 영에 이끌리는 사람이 있고, 성령에 이끌리는 사람이 있습니다. 우리에게 사탄이 넣어 주는 생각이 있고, 하나님이 넣어 주시는 생각이 있습니다. 그 차이는 말할 수 없이 큽니다. 열왕기하 5장에 나오는 계집종의 변화에서 그 차이를 발견할 수 있습니다.

아람의 나아만 장군이 군대를 이끌고 이스라엘에 쳐들어갔을 때, 한 아가씨가 길을 가는 것을 보고 군사들에게 사로잡으라고 했습니다.

"저 계집을 잡아라."

군사들이 뛰어가서 그 아가씨를 붙들었습니다.

"놓으세요. 놓으세요."

"조용히 하고 따라와!"

아가씨가 사로잡혀 아람으로 끌려갔습니다. 나아만 장군이 그 아가씨를 자기 집으로 데리고 갔습니다. 나아만이 집에 도착해 아내와 반갑게 인사를 나누었습니다.

"여보, 나 왔어."

"다친 데 없이 잘 다녀오셨어요?"

"그래."

"옆에 있는 아이는 누구예요?"

"이스라엘에서 사로잡아 온 당신 선물이야."

나아만이 이스라엘에서 잡아온 아가씨를 자기 아내에게 몸종으로 주었습니다. 부모님 밑에서 귀하게 자란 딸이 남의 나라에 포로로 잡혀와서 한평생 종살이를 해야 했습니다. 이 아가씨는 틈이 나면 혼자 앉아 부모님 생각, 친구 생각, 고향 생각을 하며 눈물을 흘렸습니다. '부모님은 내가 아람에 사로잡혀온 것을 아시기는 할까?' '언젠가 내가 집에 돌아갈 수는 있을까?' 절망이 마음을 덮었습니다. 종이 되어 지내는데 월급이 있습니까, 휴가가 있습니까, 졸업이 있습니까? 평생 나아만의 아내가 시키는 일을 하며 살아야 했습니다. 더욱이 나아만은 문둥병자였습니다.

이 아가씨는 포로로 잡혀왔지만 하나님을 믿는 사람이었습니다. 그래서 하나님을 많이 원망했습니다. '하나님, 하나님을 믿지 않는 사람들도 잘 사는데 왜 하나님을 믿는 내가 이 나라에 잡혀와야 하죠? 그때 왜 저를 지켜 주시지 않았어요? 왜 저를 아람 사람의 종이 되게 하셨어요? 하나님, 살아 계신 거예요?' 어두운 생각이 마음을 가득 채워 아가씨를 절망 속으로 끌고 다녔습니다. '엄마가 보고 싶고, 아빠가 보고 싶다. 동생들도 보고 싶고, 친구들도 만나고 싶다. 내가 고향집에 돌아갈 수는 있을까?'

날이 밝으면 밥하고 설거지하고 청소하고 빨래하고…. 쉴 틈 없이 일하다가 잠깐 시간이 나면 혼자 눈물을 흘렸습니다. 그리고 다시 일하러 갔습니다. 아는 사람이 아무도 없는 곳에서 외롭게 종살이하는 것도 괴롭고 서러운데, 문둥병에 걸린 나아만 장군의 고름 묻은 옷까지 빨아야 했습니다. '아이 더러워. 빨래하다가 손에 고름이 묻으면 나도 문둥병에 걸리는 것은 아닐까?'

그렇게 지내던 어느 날, 다른 생각이 마음에 들어왔습니다. '나아만 장군이 걸린 문둥병, 사마리아에 계시는 엘리사 선지자님에게 찾아가면 금방 고치는데….' 그때까지 자기 속에서 올라오는 생각에 끌려다니다가 하나님이 그의 마음에 새로운 생각을 넣어 주셨습니다. '그렇구나. 내가 이 이야기를 해주어서 장군님이 엘리사 선지자에게 가서 문둥병이 나아 돌아오면 이 집이 얼마나 밝아질까? 사람들이 얼마나 기쁘고 행복해질까? 그럼 우리나라와 전쟁하는 것도 그치겠다. 내가 기회를 봐서 사모님에게 이 이야기를 해야겠다.'

이 아가씨의 마음에 처음에는 사탄이 작용해서 절망으로 이끌려가 슬픔 속에서 살았습니다. 그런데 사마리아에 있는 엘리사 선지자에게 가면 나아만 장군의 문둥병이 낫는다는 생각이 들자 순식간에 모든 것이 달라졌습니다. '장군님의 문둥병이 나으면 이 집에 기쁨이 가득하고, 사람들이 행복해지겠구나. 아람과 이스라엘 사이가 평화로워지겠구나. 아, 그래서 하나님이 나를 이곳에 보내셨구나.'

너는 우리 집의 보배야, 지금부터 우리 딸이야

어느 날 아가씨가 나아만 장군의 아내에게 이야기를 꺼냈습니다.

"사모님, 드릴 말씀이 있어요."

"뭔데?"

"장군님 이야기예요."

"장군님? 장군님이 뭐 어떻다고?"

"그런 게 아니고요. 장군님 문둥병자잖아요."

"그래서 어쩌란 말이야?"

"병을 나을 수 있어요."

"미친 소리 하지 마라. 지금까지 아무도 못 고쳤다. 사람이 고칠 수 있는 병이 아니다."

"그렇지 않아요. 사마리아 계신 선지자 엘리사한테 가면 나아요."

나아만의 아내가 분명하게 말하는 여종의 이야기를 계속 듣다 보니 '우리 남편 문둥병이 낫겠구나.'라는 마음이 들었습니다. 저녁이 되어 나아만이 퇴근해서 집에 오자 같이 앉아 밥을 먹으며 말을 꺼냈습니다.

"내가 당신에게 하고 싶은 이야기가 있어요."

"무슨 이야기인데?"

"당신, 혹시 엘리사라는 분에 대해 들어보았어요?"

"엘리사? 들어보았지. 이스라엘 땅 사마리아에 가니까 사람들이 모두 '엘리사, 엘리사' 하며, 못 하는 일이 없다고 하더군."

"그분 맞네요."

"무슨 일이 있어?"

"오늘 사마리아에서 잡혀온 종이 말하길, 당신이 사마리아에 가서 엘리사를 만나면 문둥병이 낫는데요."

"그래? 그렇게만 되면 얼마나 좋겠어."

나아만 장군이 이야기를 직접 듣고 싶어서 여종을 불렀습니다.

2장 • 어두움의 길과 빛의 길 49

"네가 엘리사에 대해 잘 알고 있느냐?"

"예, 장군님."

"그가 문둥병을 고칠 수 있다고?"

"장군님, 그분이 문둥병을 고친 적은 없지만 죽은 사람도 살렸어요. 그분은 참된 하나님의 종으로 못 하실 일이 없어요. 장군님이 사마리아에 계신 엘리사 선지자님에게 가면 분명히 문둥병이 나으실 거예요!"

나아만이 그 말을 듣고 마음이 움직여 사마리아에 있는 엘리사 선지자를 찾아갔습니다. 그리고 선지자의 말대로 해서 문둥병이 깨끗이 나았습니다. 나아만이 병이 나아 아람으로 돌아가면서 얼마나 기뻤겠습니까? 자기 집 앞에 이르자 마차 바퀴가 아직 굴러가고 있는데 뛰어내려 집안으로 뛰어들어가면서 소리쳤습니다.

"여보! 다 나았어! 내 몸을 봐. 여기도 깨끗하고, 여기도 깨끗하고…."

부부가 끌어안고 울었다가 웃었다가, 기뻐서 어쩔 줄 몰랐습니다. 그 집에서 어두움이 사라졌습니다. 근심과 염려가 끝났습니다. 나아만이 아내와 기쁨을 나누다가 한쪽에 서 있는 여종을 보고 말했습니다.

"이리 오거라. 네가 아니었으면 내가 평생 문둥병자로 살았을 거야. 손이 굳어져서 칼도 제대로 잡을 수 없어서 군대장관 자리에서도 쫓겨나야 했는데 이렇게 깨끗하게 나았어. 너는 우리 집의 보배야. 지금부터 너는 우리 딸이야."

이 아가씨가 종에서 딸로 신분이 올라갔습니다. 생각이 바뀌면서 계속해서 행복한 일이 이어졌습니다. 성경에는 없는 이야기지만, 나중에 좋은 신랑을 만나 결혼했을 것 같습니다. 어느 날, 나아만이 말합니다.

"숙아, 지난번에 부사령관이 우리 집에 왔었지?"

"예, 아버지."

"그때 부사령관의 아들도 같이 왔잖아."

"예, 봤어요."

"그 아들이 너를 보고 난 뒤에 밤에 잠을 제대로 못 잔단다. 부사령관이 자기 아들을 너와 결혼시키고 싶다고 하는데 어떻게 하면 좋겠어?"

"부끄러워요."

얼마 후 두 사람이 결혼해서 최고급 마차를 타고 사마리아로 신혼여행을 떠났습니다. 사마리아에 있는 고향집이 가까워지자 좋이었던 아가씨의 심장이 쿵쾅거렸습니다. 드디어 마차가 고향집 앞에 도착했습니다. 아가씨의 아버지가 어디 갔다가 돌아오는 길에 웬 마차가 자기 집 앞에 서는 것을 보았습니다.

'저렇게 화려한 마차가 왜 우리 집 앞에 섰을까? 마차에서 멋진 젊은 남녀가 내리는구나. 우리 딸도 저 나이가 되었을 텐데 어디서 어떻게 지내고 있는지….'

그렇게 생각하면서 집으로 걸어가고 있는데, 마차에서 내렸던 멋진 여자가 자기를 보고 "아빠!" 하고 소리쳤습니다.

"미안한데, 누구신지요?"

"아빠, 저 숙이잖아요."

얼굴을 보니 잃어버린 딸이 맞았습니다.

"아이고, 숙아!"

성경에는 없고 제가 지어낸 이야기인데, 이런 일이 일어날 수 있겠죠?

내가 의롭게 되어 그날부터는 죄에 갇혀 살지 않았다

포로로 잡혀간 아가씨는 타국에서 평생 종살이해야 한다는 생각 속에서 괴로워했지만, 하나님이 다른 생각을 넣어 주시자 모든 것이 달라졌습니다. 처음에는 '나에게 왜 이런 일이 일어났지?' 하는 자기 생각이 있었고, 그 다음에 '장군님이 사마리아에 계신 선지자께 가면 문둥병이 낫는데…'라는 하나님이 주신 생각이 있었습니다. 하나님이 주신 생각이 마음에 자리 잡으면서 삶이 완전히 달라졌습니다. 포로로 잡혀가 종이 되었지만 행복한 여자가 되었습니다.

하나님은 저와 여러분에게도 역사하십니다. 저는 1962년 10월 7일에 죄 사함을 받았습니다. 그 전까지는 죄에 갇혀 살았습니다. 배가 고프던 시절이라, 나이가 열다섯 살쯤 되었을 때부터 도둑질을 많이 했습니다. 친구들과 함께 남의 밀밭에서 밀 이삭을 꺾어 옷 속에 감춘 뒤 산에 올라가서 불을 피워 구워먹고, 남의 밭에서 감자도 캐먹고, 과수원에 몰래 들어가 사과도 따먹었습니다. 새벽마다 교회에 가서 지은 죄를 용서해 달라고 기도하고, 다시는 도둑질하지 않겠다고 마음먹었지만 소용없었습니다. 친구들과 어울리다 보면 어느새 못된 짓을 하고 있었습니다. 거짓말도 많이 했습니다. 죄가 많아서 나는 분명히 지옥에 갈 거라고 생각했습니다.

그런데 성경을 읽으면서 달라졌습니다. 성경에 내 죄가 사해지는 길이 분명히 기록되어 있었습니다. 1962년 10월 7일, 예수님의 피로 내 죄가 눈처럼 희게 씻어진 날입니다. 제가 열아홉 살 때였습니다. 제가 의롭게 되어 그날부터는 죄에 갇혀 살지 않았습니다. 예수님이 내 안에 살아 계시면서 내 마음을 이끌고 가셨습니다. 내 안에 내 마음이 있고 예수님의 마음이 있는데, 내가 종종 예수님에게 끌려가니까 예수님을 닮을 수밖에 없었습니다.

예수님이 우리 죄를 씻어 주신 복음이 너무 좋아서 사람들에게 복음을 전하기 시작했습니다. 누구를 만나든지 복음을 전하고 싶었습니다. 그렇게 수십 년의 세월이 흘렀습니다. 얼마 전에는 인도에서 2만 명이 모이는 교회에 초청을 받아 가서 복음을 전했습니다. 다음 날은 10만 명이 모인 야외에서 복음을 전했습니다. 그 자리에 모인 사람들에게 우리 죄가 어떻게 사해지는지 자세히 이야기했습니다. 사람들이 말씀을 듣고 감격했습니다. 죄를 사함 받은 사람은 손을 들라고 하자 거의 모든 사람이 손을 들었습니다.

회개하면 죄가 씻어진다는 말은 성경과 다른 거짓말입니다. 성경에서는 회개하고 죄 사함을 받으라고 했습니다. "하나님, 죄를 지었습니다. 용서해 주십시오." 이렇게 기도한다고 죄가 씻어지는 것이 아닙니다. 회개한 뒤 죄를 사함 받아야 합니다. 죄는 예수님의 피로 씻어집니다. 예수님의 피가 우리 죄를 씻은 것을 믿을 때 우리가 죄 사함을 받습니다.

하나님의 길은 인간의 길과 비교가 되지 않습니다. 하나님은 사람이 생각할 수 없는 일을 하십니다. 아무리 목사가 되어도, 그 사람이 하나님의 생각에 이끌리는 것과 자기 생각에 이끌리는 것은 천지 차이입니다. 하나님에게 이끌리는 삶과 자기 생각을 따라 사는 삶은 완전히 다릅니다.

복음을 전하려고 하는 저에게 집을 안 주시렵니까?

제가 군대에서 제대한 뒤, 입대하기 전에 일했던 교회에는 다른 사람이 일하고 있어서 김천에 가서 복음을 전하려고 마음먹었습니다. 돈 3,500원을 가지고 김천에 가서 머물 집을 구할 수 있는지 알아보았습니다. 방이 한 칸 있는 집도 전세 7만 원을 달라고 했습니다. 큰 도로를 따라 김천 시내를 위에서부터 내려오면서 건물들을 쳐다보았습니다. 서점도 있고, 다방도 있고, 양품점도 있었습니다. 건물들을 보면서 속으로 하나님께 이야기했습니다.

'하나님, 저기에는 서점이 있네요. 저기에는 양품점이 있고요. 하나님, 세상 신도 자기 사람들에게 집을 주는데, 이곳에서 복음을 전하려고 하는 하나님의 종인 저에게 집을 안 주시렵니까? 저에게 집을 주십시오.'

시내를 다 둘러보고 압곡동으로 갔습니다. 경상남도 합천군 봉산면 압곡동, 듣기만 해도 산골 동네라는 느낌이 들 만큼 깊은 산골 마을이었습니다. 논이 거의 없는 산골짜기라서 벼농사를 짓지 못해 양식이 넉넉지 않아서 마을 사람들이 어렵게 사는 곳이었습니다. 제가 선교학교 훈련을 마치고 9개월 동안 지냈던 곳으로, 제대하고 그 동네에서 잠시 지내고 있었습니다.

하루는 그날도 김천에 가서 건물들을 둘러본 뒤 압곡동으로 가기 위해 김천에서 거창으로 가는 버스를 탔습니다. 제 옆자리에는 외국인이 타고 있었습니다. 둘이 이야기를 나누었습니다. 제 영어 실력이나 그분 한국어 실력이 비슷해서 손짓 발짓 해가며 이야기를 주고받았습니다. 제가 물었습니다.

"당신은 어느 나라에서 왔습니까?"

"영국에서 왔습니다."

"아, 그렇습니까. 무얼 하시는 분입니까?"

"선교사입니다."

"지금 어딜 가십니까?"

"여행하고 있습니다."

"전도 여행을 가고 있습니까?"

"아니, 그냥 여행하고 있습니다."

제가 그 이야기를 듣고 화가 났습니다. '무슨 선교사가 복음을 전하지 않고 여행이나 다녀? 이 사람 썩었네.' 복음을 전하지 않는 당신 같은 선교사는 우리나라에 필요없으니 당장 돌아가라고 제가 소리를 쳤습니다. 그때 저는 20대 초반이고 그분은 40대 초반이었습니다. 영국 사람은 신사입니다. "남이야 여행을 다니든 말든 당신이 무슨 상관이에요? 당신이 돈 줘요?" 하면 그만일 텐데, 가만히 듣고 있었습니다. 화가 나서 제 목소리가 커졌다가 그분이 잠잠히 듣고 있으니까 더 할 말이 없어서 이야기를 그쳤습니다.

시간이 흘러 버스가 거창에 도착했습니다. 제가 압곡동으로 가는 차표를 사려고 매표소 앞에 서 있는데, 그분이 다가오더니 말을 걸었습니다.

"미스터 박."

"예."

"오늘 당신 집에서 하룻밤 잘 수 있습니까?"

"집이 좋지는 않지만 잘 수 있습니다."

그분이 저를 따라왔습니다. 당시 압곡동에 수도는 없고 마을에 우물이 몇 개 있었습니다. 제가 지내던 집에서 우물이 멀고 산에서 내려오는 도랑물이 맑아서, 저는 도랑물을 먹고 지냈습니다. 한국 위장이 좋다는 것을 그때 알았습니다. 저는 도랑물을 아무리 먹어도 문제가 없는데, 영국 사람은 물 한 컵 먹고는 배탈이 나서 화장실을 왔다 갔다 했습니다. 제가 물을 끓여서 드려야 했는데 생각이 짧아 그냥 드려서 너무 죄송했습니다.

"앤더슨, 정말 미안합니다."

그분 이름이 앤더슨이었습니다. 그 후로는 물을 끓여서 드렸습니다. 선교사님이 며칠을 끙끙 앓더니, "혹시 내가 죽거든 시체를 내 아내에게 보내줘요."라고 실없는 소리를 했습니다. 몸이 점점 회복되어 5일째 아침에 선교사님이 일찍 일어나 가겠다고 했습니다. 떠날 준비를 다 한 뒤 저에게 말했습니다.

"미스터 박, 내가 당신에게 부탁할 것이 있습니다."

"무슨 부탁입니까?"

"내가 당신하고 1년만 같이 살고 싶습니다."

"왜 그러십니까?"

"내가 지금까지 많은 목사와 선교사를 만나보았지만 당신처럼 사는 사람은 처음 보았습니다. 당신 삶을 배우고 싶습니다."

"저에게 배울 게 뭐가 있습니까? 보다시피 아무것도 없이 이렇게 사는데요."

"아니에요. 1년만 같이 살게 해주세요."

아주 진지하게 부탁했습니다. 제가 선교사님과 같이 산다고 생각해 보니 힘들 것 같았습니다.

"당신은 영국에서 선교비가 오죠?"

"예, 선교비가 옵니다."

"저는 도와주는 사람이 아무도 없습니다. 하나님만 의지하고 삽니다. 그래서 저는 굶을 때도 자주 있습니다. 우리가 같이 살면, 당신은 영국에서 선교비가 오니까 빵을 쌓아두고 지내고 저는 먹을 것이 없으면 내가 당신 빵을 자꾸 쳐다볼 것 같습니다."

"그럴 수 있겠네요."

"그래서 내가 당신 빵을 하나 둘 얻어먹다 보면 하나님을 믿는 믿음이 사라질 겁니다. 그것은 나에게 큰 문제입니다."

"그럼 어떻게 하면 되겠습니까?"

"당신이 가진 빵이 썩어도 나에게 안 주고, 나도 내 것을 당신에게 안 주고, 그렇게 하면 같이 살 수 있겠습니다."

"얼마든지 그렇게 할 수 있습니다."

"그러면 제가 김천에 가서 복음을 전하려고 하니 김천에 집을 얻어서 오세요."

선교사님이 어린애처럼 좋아하며 뛰어갔습니다.

일주일쯤 지나 앤더슨 선교사님이 저를 다시 찾아왔습니다. "미스터 박!" 하면서 우리 집이 있는 곳으로 뛰어올라왔습니다.

"미스터 박, 내가 김천에 거할 집을 위해 기도했는데 하나님이 집을 살 수 있는 돈을 주셨습니다. 이 돈으로 집을 마련해서 함께 지냅시다."

선교사님 이야기를 듣고 잠깐 속이 상했습니다. '하나님, 왜 영국 사람이 하는 기도는 저렇게 빨리 들어주시고 한국 사람이 하는 기도는 바로 들어주시지 않습니까?' 선교사님이 현금으로 35만 원을 들고 왔는데, 그때 김천에서 좋은 집을 살 수 있는 돈이었습니다. 선교사님이 내가 그 돈을 받지 않을까봐 조심스럽게 말했습니다.

"이건 돈 거래가 아닙니다. 내가 주는 돈이 아니라 하나님이 김천에 집을 얻으라고 우리에게 주신 돈입니다."

돈을 앞에 두고 '이 돈이 진짜 하나님이 나에게 주신 돈이 맞나?' 생각해 보았습니다. '하나님이 돈을 공중에서 떨어뜨려서 주시진 않을 테고, 이런 방법으로 내가 김천에 거할 집을 준비하시는구나.'라는 마음이 들었습니다. 선교사님이 들고 온 돈으로 김천에서 집을 얻어 함께 지내며 복음을 전하기 시작했습니다. 선교사님이 1년을 저와 함께 지낸 뒤, 그 집을 저에게 주고 갔습니다.

구원받은 사람은 하나님이 인도해 주십니다. 하나님이 인도하시는 길은 사람이 생각할 수 있는 길이 아닙니다. 하나님이 우리 인생을 이끄시는 것과 자기 생각을 따라서 사는 것은 정말 다릅니다. 저는 1962년 10월 7일에 예수님의 피로 죄 사함을 받은 뒤, 내 생각도 있었지만 항상 하나님이 저를 이끌어 가셨습니다. 잘못된 길로 가지 않게 붙들어 주시고, 복음을 전하며 살도록 길을 열어 주셨습니다. 저는 잘하는 것이 아무것도 없는데 하나님이 모든 일을 할 수 있도록 역사해 주셨습니다.

뛰어내려 죽으면 모든 것이 끝나고 평안해
나아만 장군 집에서 종살이했던 아가씨에게는 자기 생각이 있었고, 하나님이 주신 생각이 있었습니다. 자기 생각으로 볼 때에는 자신의 처지가 한없이 불쌍하고 가련했습니다. 절망이 가득했습니다. 그러나 하나님이 주신 생각이 마음에 자리 잡자 모든 것이 달라졌습니다. 소망이 일어나고, 나아만 장군이 낫는 역사가 일어나고, 그 집안에 기쁨과 감사가 가득하고, 아가씨의 삶에 행복이 가득했습니다.

우리가 하나님의 인도를 받지 못하면 악한 영인 사탄이 우리를 속입니다. 여러분이 아무리 머리가 좋아도 악한 영이 여러분을 속이면 거기에 넘어가고 맙니다.

한번은 우리 교회에 나오는 자매님이 저에게 이렇게 부탁했습니다.
"목사님, 제가 언니라고 부르는 사람이 부산에 사는데 목사님이 꼭 만나주시면 좋겠습니다."
"내가 어떻게 하면 돼요?"
"한번 올라오라고 하겠습니다."

며칠 후 부산에 사는 김주원이라는 부인이 KTX를 타고 서울에 와서, 우리 교회 자매와 함께 저를 찾아왔습니다. 제가 그 부인 이야기를 들었습니다. 처녀 때부터 사업을 시작해서 돈을 많이 벌었다고 했습니다. 결혼했지만 남편과 너무 맞지 않아, 집과 모든 것을 남편 가지라고 두고 아이만 안고 나와서 다시 집에 들어가지 않았다고 했습니다. 사업이 계속 잘되어서 오빠도 다니던 회사를 그만두고 와서 돕고, 엄마도 도왔습니다.

사업을 하면서 어떻게 해야 할지 잘 모를 때면 점쟁이를 찾아가 물었습니다. 점쟁이의 말대로 하면 일이 잘 되어서 점쟁이와 아주 가까워졌습니다. 하루는 점쟁이가 받아들이기 힘든 말을 했습니다.

"오빠와 엄마를 회사에서 쫓아내."

"아니, 어떻게 그렇게 해?"

"알아서 해. 망하려면 무슨 짓을 못해?"

오빠와 엄마를 쫓아내지 않으면 점쟁이 말대로 망할 것 같아 겁이 났습니다. 다니던 좋은 회사를 그만두고 자신과 함께 일하고 있는 오빠에게, 어쩔 수 없이 입을 열었습니다.

"오빠, 말할 수 없는 사정이 있어서 그래. 미안하지만 회사에서 나가 줘."

"무슨 소릴 하는 거야? 네가 오라고 해서 다니던 회사도 그만두고 왔는데!"

오빠와 엄마는 이 부인의 황당한 요구에 서로 원수가 될 만큼 싸우고 회사에서 나갔습니다.

얼마 후, 점쟁이가 딸은 멀리 떨어져 있을수록 좋다고 했습니다. 부산에 사는 이 부인은 점쟁이의 말대로 아직 어린 딸을 서울에 있는 친척집에 맡기고 매일 딸을 보고 싶어하며 지냈습니다.

그 뒤 사업에 어려운 문제들이 생겨 이 부인이 고민이 많았습니다. 하루는 밤이 늦도록 고민 속에 빠져 있는데 누군가 자기 이름을 불렀습니다.

"주원아."

따뜻하게 다가오는 소리에 마음이 끌렸습니다.

"창문으로 가."

창문으로 갔습니다.

"창문을 열어."

창문을 열었습니다. 사람들은 다 잠들어 주위가 고요했습니다.

"뛰어내려. 사람은 태어나서 다 죽는 거야. 죽으면 모든 것이 끝나. 평안해."

이 부인이 사는 집은 아파트 38층이었습니다. 마음에서 들리는 따뜻한 음성을 따라 뛰어내리면 근심하거나 걱정할 일 없이 평안해질 것 같았습니다. 문득 딸 생각이 났습니다. 자기가 죽으면 딸이 혼자 남아 힘들게 살 것 같았습니다. 그런데 그런 걱정도 다 안다는 듯, 마음에서 다시 소리가 들렸습니다.

"딸 걱정은 하지 마. 너 고급 아파트 두 채나 있으니까 엄마가 그것 팔아서 잘 키워줄 거야."

딸 문제가 그렇게 정리되니 정말 뛰어내리고 싶었습니다. 그때 불현듯 어떤 일이 생각났습니다. 한 달 전쯤에 가깝게 지내던 사람들과 밤늦도록 놀다가 헤어지면서 다음날 함께 등산을 가기로 약속했습니다. 그런데 다음날 약속 시간에 다섯 사람 가운데 한 사람이 나타나지 않았습니다. 전화를 해도 받지 않아 집으로 찾아가 보니, 욕실에서 목을 매어 목숨을 끊은 뒤였습니다. 그 언니는 함께 어울리는 사람들 가운데 제일 잘살고 인물도 좋은, 부족한 것이 없는 사람이었습니다. 그 전날도 함께 즐겁게 시간을 보내고 헤어졌기에 모두가 죽은 이유를 도무지 알 수 없었습니다. 그 일이 생각났습니다. '아, 그 언니가 죽을 이유가 없었는데 이 음성을 듣고 죽었구나.' 몸에 전율이 흘러 얼른 창문을 닫았습니다.

'내가 정신이 약해졌구나. 정신과 의사를 찾아가서 상담을 받아야겠다.' 이 부인이 이렇게 생각하고 컴퓨터 앞에 앉아서 유명한 정신과 의사를 검색했습니다. 그때 서울에 사는 아는 동생에게서 전화가 왔습니다.

"언니, 늦은 시간에 미안한데 뭐 해?"

"정신과 의사를 찾고 있어. 내가 정신이 약해진 것 같아."

"언니, 내가 언니에게 꼭 하고 싶은 이야기가 있어."

"뭔데? 괜찮아, 얘기해."

"우리 교회 목사님을 만나."

"그래, 어떻게 하면 돼?"

"내일 KTX를 타고 서울로 와."

"그래, 알았어."

그렇게 해서 다음날 이 부인이 저를 찾아왔고, 지난 일들을 저에게 이야기했습니다. 이야기를 들으면서 악한 영이 이 부인을 죽이려고 하는 것이 보였습니다. 남편과 이혼하고, 오빠와 엄마와 멀어지고, 딸을 멀리 보내고…. 가족과 가깝게 지내거나 딸과 함께 살면서는 자살할 수 없기 때문에 악한 영이 이 부인을 죽음으로 내몰려고 그렇게 했다는 것을 분명히 느낄 수 있었습니다.

제가 다급하게 말했습니다.

"아주머니, 예수님을 믿어야 해요."

"나중에 믿을게요."

아무것도 모르고 너무 편하게 대답해서 제가 소리를 쳤습니다.

"안 돼요! 큰일 나요!"

이 부인이 깜짝 놀라면서 마음을 바꾸어 그날 죄 사함을 받았습니다. 지금은 딸과 함께 예수님의 인도를 받으며 얼마나 행복하게 살고 있는지 모릅니다.

하나님은 어떤 불행 속에서도 행복이 피어나게 하신다

나아만 장군의 집에서 종살이하던 아가씨처럼 세상 모든 사람이 어두운 생각에 이끌립니다. 그 생각에 휩싸이면 스스로 삶을 포기하기도 합니다. 그러나 똑같은 상황에서 하나님이 주시는 생각을 받아들이면 모든 것이 밝게 변합니다. 여러분 마음에 예수님의 말씀을 받아들이면, 그래서 예수님 안에 있는 사랑과 평안과 지혜와 은혜가 여러분 마음에 미쳐지면 어떤 고통도 어떤 슬픔도 어떤 미움도 끝이 납니다. 그 대신 예수님의 사랑이 여러분의 마음에서 꽃을 피웁니다.

우리 삶에 많은 어려움과 문제가 있지만 하나님이 돕고 역사하십니다. 저는 아무것도 아닌 사람인데 하나님이 저를 이끌어 주셨습니다. 저는 예수님을 만나기 전에 도둑질과 거짓말을 많이 한 형편없는 사람이었습니다. 죄가 많아서 분명히 지옥에 갈 거라고 생각했습니다. 그런데 예수님이 내 죄를 짊어지고 대신 죽어 내 죄를 다 씻어 주신 것을 성경에서 발견했습니다. 늘 눈물을 흘리며 죄를 용서해 달라고 기도만 하다가 내 죄가 씻어진 것을 알았습니다. 그때부터 성령이 내 안에 들어오셔서 저를 이끄셨습니다. 어떤 사람이든지 성령의 인도를 받으면 삶이 이전과 전혀 달라집니다.

저는 이 복음을 우리 신학교 학생들에게 아주 분명하게 가르쳤습니다. 졸업한 학생들을 전 세계에 선교사로 보냈습니다. 그들이 어느 나라에 가든지 뜨겁게 환영을 받습니다. 사람들이 그들이 전하는 말씀을 들으면 죄를 사함 받아 거듭나고, 삶이 기뻐지고 행복해집니다. 죄에서 완전히 벗어나 하나님의 영이 사람들에게 역사하시기 때문에 삶이 달라집니다.

똑같은 성경을 읽어도, 하나님의 영이 없는 사람은 십계명을 지켜야 하나님의 복을 받는다는 이야기밖에 못 합니다. 아무도 지키지 못하는 십계명을 누가 지킵니까? 어떤 목사님도 못 지킵니다. 지키는 척할 뿐입니다. 자신도 지키지 못하면서 지키라고 하는 것은 위선입니다.

저는 아무것도 아닌 사람이었는데 성경을 읽다가 죄를 사함 받는 길을 발견했습니다. 레위기 4장에 나오는 속죄제사에 죄 사함 받는 길이 정확히 기록되어 있었습니다. 구약 성경에 기록된 대로 예수님이 영원한 속죄를 이루셨습니다.

"염소와 송아지의 피로 아니하고 오직 자기 피로 영원한 속죄를 이루사 단번에 성소에 들어가셨느니라."(히 9:12)

제가 1962년에 구원받은 뒤 60여 년 동안 이 복음을 전했습니다. 우리 선교회에는 정년이 없어서 지금도 복음을 전하고 있습니다. 늙어서 기억력도 많이 없고 헛소리도 한 번씩 하지만, 예수님이 우리 죄를 다 씻은 복음을 전할 때 가장 행복합니다. 제가 전하는 복음을 듣고 대통령이 구원받고, 영부인이 구원받고, 왕이 다스리는 나라의 국왕이 구원을 받았습니다.

예수 그리스도 안에는, 우리가 가진 모든 것보다 훨씬 아름답고 영광스러운 삶이 있습니다. 여러분이 예수님의 말씀을 믿어 예수님이 여러분 안에 계시면, 다른 사람들은 시련이 찾아올 때 넘어지지만 여러분은 그것을 이길 힘이 있습니다. 죄 사함을 받으면 하나님이 우리 안에 살아 역사하시는데, 사람들이 그 사실을 모르기 때문에 형식적으로 교회에 다닙니다.

하나님은 어떤 불행 속에서도 행복이 피어나게 하십니다. 거름더미에서 맛있는 참외가 자라나는 것처럼, 어떤 더러운 마음에도 하나님의 말씀이 들어가면 죄가 씻어져서 깨끗해지고 밝고 기뻐집니다. 그 변화가 얼마나 놀라운지 말로 다 할 수 없습니다. 저는 나쁜 짓만 하다가 죄 사함을 받은 뒤로는 목사가 되어서 많은 사람들의 마음에 평안과 행복을 심는 사람이 되었습니다. 여러분 모두 저처럼 목사가 되었으면 좋겠지만, 그렇지 않을지라도 마음에 하나님이 계셔서 슬픔과 불행을 이기고 복되게 사시는 여러분이 되길 바랍니다.

03

아말렉을 진멸하라

3장

아말렉을 진멸하라

오늘은 사무엘상 15장 말씀을 1절부터 읽겠습니다.

"사무엘이 사울에게 이르되, 여호와께서 나를 보내어 왕에게 기름을 부어 그 백성 이스라엘 위에 왕을 삼으셨은즉 이제 왕은 여호와의 말씀을 들으소서. 만군의 여호와께서 이같이 말씀하시기를 '아말렉이 이스라엘에게 행한 일 곧 애굽에서 나올 때에 길에서 대적한 일을 내가 추억하노니 지금 가서 아말렉을 쳐서 그들의 모든 소유를 남기지 말고 진멸하되 남녀와 소아와 젖 먹는 아이와 우양과 약대와 나귀를 죽이라' 하셨나이다. 사울이 백성을 소집하고 그들을 들라임에서 계수하니 보병이 이십 만이요 유다 사람이 일 만이라. 사울이 아말렉 성에 이르러 골짜기에 복병하니라. 사울이 겐 사람에게 이르되 '아말렉 사람 중에서 떠나 내려가라. 그들과 함께 너희를 멸하게 될까 하노라.

이스라엘 모든 자손이 애굽에서 올라올 때에 너희가 그들을 선대하였느니라.' 이에 겐 사람이 아말렉 사람 중에서 떠나니라. 사울이 하윌라에서부터 애굽 앞 술에 이르기까지 아말렉 사람을 치고 아말렉 사람의 왕 아각을 사로잡고 칼날로 그 모든 백성을 진멸하였으되 사울과 백성이 아각과 그 양과 소의 가장 좋은 것 또는 기름진 것과 어린 양과 모든 좋은 것을 남기고 진멸키를 즐겨 아니하고 가치 없고 낮은 것은 진멸하니라. 여호와의 말씀이 사무엘에게 임하니라 가라사대 '내가 사울을 세워 왕 삼은 것을 후회하노니 그가 돌이켜서 나를 좇지 아니하며 내 명령을 이루지 아니하였음이니라' 하신지라. 사무엘이 근심하여 온 밤을 여호와께 부르짖으니라. 사무엘이 사울을 만나려고 아침에 일찍이 일어났더니 혹이 사무엘에게 고하여 가로되 '사울이 갈멜에 이르러 자기를 위하여 기념비를 세우고 돌이켜 행하여 길갈로 내려갔다' 하는지라. 사무엘이 사울에게 이른즉 사울이 그에게 이르되 '원컨대 당신은 여호와께 복을 받으소서. 내가 여호와의 명령을 행하였나이다.' 사무엘이 가로되 '그러면 내 귀에 들어오는 이 양의 소리와 내게 들리는 소의 소리는 어찜이니이까?' 사울이 가로되 '그것은 무리가 아말렉 사람에게서 끌어온 것인데 백성이 당신의 하나님 여호와께 제사하려 하여 양과 소의 가장 좋은 것을 남김이요 그 외의 것은 우리가 진멸하였나이다.'"(삼상 15:1~15)

신앙은, 조금만 더 알고 조금만 넓게 생각하면 굉장히 쉽습니다. 신앙은 우리가 무엇을 하는 것이 아니라 예수님이 우리를 위해 모든 것을 이루시는 것이기 때문입니다. 저는 한때 위장이 굉장히 안 좋아서 어려움을 겪었지만 예수님이 다 고쳐 주셨습니다. 한때는 심장에 심각한 문제가 있어서 얼마 살지 못할 상황에 처했지만, 심장 또한 하나님이 완벽하게 고쳐 주셨습니다.

예수님이 나를 주관하시는 것과 내가 나를 주관하는 것
우리가 사는 동안 '예수님이 나를 주관하시는 것'과 '내가 나를 주관하는 것' 중에서 어느 것이 나을까요? 우리 마음에 예수님을 믿는 확실한 믿음이 있으면 자신의 모든 문제를 예수님께 맡기고 예수님을 의지하며 살게 됩니다. 반대로 예수님을 믿는 확실한 믿음이 없으면 모든 문제를 자신이 해결해야 하기에 어렵고 힘듭니다.

제가 김천에 가서 교회를 처음 시작했을 때, 하루는 교회가 있는 건물 입구에 아가씨 두 사람이 서 있었습니다. '교회에 찾아왔나?' 하고 창문을 열고 내려다보니 피하길래 '아닌가 보다'라고 생각했습니다. 그런데 여전히 서 있는 것이 보여서 문을 열고 나갔습니다.

"어떻게 왔어요?"

"우리는 선산에서 말씀을 듣고 싶어서 왔어요."

성경 말씀을 듣고 싶어서 60리나 되는 먼 길을 찾아온 것입니다.

"안으로 들어와요."

그날 네 시간가량 말씀을 전해 주었습니다. 저녁때가 가까워져 집으로 돌아가라고 하자, 선산으로 가지 않는다고 했습니다.

"부모님들이 걱정하잖아요."

"여기 올 때 부모님께 허락을 받고 왔어요. 돈을 드릴 테니 우리가 거할 방을 얻어 주세요."

열일곱, 열여덟 살쯤 되어 보이는 두 아가씨가 김천에서 방을 얻어 지내며 홀치기 일을 했습니다. 일본 여자들이 입는 기모노를 만들 때 염색을 하는데, 어떤 부분을 실로 묶어서 그 부분에는 염료가 들어가지 않게 하면 무늬가 예쁘게 나옵니다. 그때 실로 묶는 것을 홀치기라고 하는데 두 아가씨가 홀치기를 아주 잘했습니다. 그렇게 일해서 번 돈으로 자신들을 위해서는 얼마 쓰지 않고 교회를 뒷바라지했습니다. 그때 우리는 김천에 아는 사람도 없고 어떻게 생활해야 할지 몰랐는데 하나님이 두 자매를 통해 우리를 도우셨습니다. 하나님이 그렇게 일하시는 것이 정말 놀라웠습니다. 두 아가씨 가운데 한 사람은 지금 선산에서 살며 신앙생활을 하고 있습니다. 몇 년 전에 만났는데 어느새 나이가 일흔이 넘은 할머니가 되었습니다.

여러분이 아주 낡은 차를 가지고 있다고 해봅시다. 털털거리며 100미터 가다가 서고, 200미터 가다가 고장나고…. 그런 차를 가지고 있다가 아주 좋은 새 차를 사면 이전 차는 어떻게 하겠습니까? 폐기 처분해서 고철 값을 받든지 할 것입니다. 좋은 차만 있으면 충분하지 낡은 차를 같이 쓸 이유가 없습니다. 하나님이 여러분보다 훨씬 크고 위대하시며 능력이 많으십니다. 그 하나님이 여러분을 지켜 주실 것을 믿는다면 여러분이 자신을 지키고 자신을 위하려는 일을 그칠 것입니다.

하나님이 지켜 주실 것을 믿으면…

오늘 읽은 성경에서, 하나님이 사울 왕에게 아말렉을 치라고 하셨습니다. 하나도 남기지 말고 진멸하라고 하셨습니다. 사울이 군사들을 이끌고 가서 아말렉을 치기 시작했습니다. 그런데 양이나 소 가운데 좋은 것들은 남겨놓고 쓸모없는 것들만 쳤습니다. 하나님이 왜 사울에게 모든 것을 치라고 하셨습니까? 그렇게 하면 양이나 소 이상으로 하나님이 사울에게 베풀어주시겠다는 이야기입니다. 좋은 양이나 소가 하나님만큼 사울을 도울 수 있습니까? 그렇지 않습니다. 그런데 사울은 하나님이 자기를 도우신다는 사실을 믿지 못하니까 스스로 자신을 복되게 하려고 하고 자신을 지키려고 했습니다. 그래서 하나님의 말씀을 버리고 자기 보기에 좋은 길을 따라갔습니다.

여러분의 인생, 여러분의 가정, 여러분의 모든 것을 완벽하게 지켜 주실 분은 하나님밖에 없습니다. 그 하나님이 나를 지켜 주실 것을 믿으면 내가 나를 위하려는 것을 얼마든지 무너뜨릴 수 있습니다. 저는 어려움을 겪을 때가 많았지만 주위 사람들에게 어렵다는 이야기를 해본 적이 한 번도 없습니다. 제가 사람들에게 어렵다는 이야기를 하고 싶어도, 하나님이 '내가 너를 돕는데 누구에게 도움을 받으려고 하냐?' 하실 것 같아서 그렇게 할 수 없었습니다.

어려운 일이 있을 때, 어떤 형제나 자매에게 이야기하면 도와줄 것 같은데 하나님은 도와주실지 안 도와주실지 잘 모릅니다. 그래서 형제를 의지한다면 그것은 하나님을 믿는 것이 아닙니다. 만일 여러분이 세상 무엇보다 하나님을 의지하고 신뢰하고 산다면 하나님은 틀림없이 여러분의 모든 것을 이끌어 주시고 돕고 축복하십니다.

저는 군에 입대해서 통신병이 되어, 라디오 오퍼레이터 코스(Radio Operator Course)라고 모르스 부호로 통신하는 ROC 교육을 받았습니다. 원래는 대전 통신학교에서 ROC 교육을 하다가, 통신 교육 분야가 많아 복잡해서 몇 개 분야를 원주 통신훈련소로 옮겼습니다. 제가 ROC 311기인데, 원주 통신훈련소 1기로 교육을 받았습니다. 윗기수가 없어서 눈치 보지 않고 지낼 수 있었습니다.

원주 통신훈련소에서는 세 사람이 한 조가 되어 언제나 같이 움직여야 했는데, 저와 같은 조였던 송순종과 김창원에게 복음을 전해 두 친구가 구원을 받았습니다. 매주 토요일이 되면, 훈련소에서 기초 훈련을 마친 군인들이 통신 훈련을 받기 위해 원주 통신훈련소로 들어왔습니다. 제가 윗기수니까 내무반마다 찾아가서 예수님을 믿는 사람들의 이름을 적은 뒤 일요일에 군인들을 모아 예배를 드렸습니다. 추운 겨울이라 두 친구가 저를 도와서 군인들을 산 아래 양지쪽에 인솔해 주면, 제가 예배를 인도하고 복음을 전했습니다.

하루는 교육을 받으러 가는데 방송이 나왔습니다.

"ROC 311기 박옥수 교수 본부로 와라."

군대에서는 좋은 일로 부르는 경우가 별로 없기 때문에 '무슨 일로 부르지?' 하며 교수 본부로 갔습니다.

"충성! ROC 311기 박옥수 부름 받아 왔습니다!"

제가 이등병을 막 달았을 때였는데, 교수 본부에서 제일 높은 교육장교님이 저를 보고 말했습니다.

"박 이병, 거기 앉으세요."

중위인 교육장교님이 교육생인 이등병에게 높임말을 써서 어리둥절했습니다. 그분이 말한 자리에 앉았습니다.

"박 이병, 군대에 오기 전에 무슨 일을 했나요?"

"예, 교회 전도사였습니다."

"과연 그러셨군요."

그분의 이름은 방극민이었습니다.

"내가 군대에 오기 전에 신앙생활을 열심히 했고, 지금도 우리 어머니는 매일 나를 위해 기도하고 있어요. 그런데 내가 군대에 와서 술 마시고 담배 피우고 타락했어요. 어제 내가 박 이병이 교육생들을 모아놓고 예배를 드리는 모습을 보았어요. 장교인 나도 하지 못하는 일을 교육생인 박 이병이 하는 것을 보고 마음이 많이 괴로워 밤에 잠을 제대로 자지 못했어요. 박 이병, 내가 도와줄 일이 없나요?"

"교육장교님, 예배드릴 장소가 없어서 추운데도 우리가 야외에서 예배를 드리고 있습니다. 교실을 하나 주셔서 그곳에서 예배를 드릴 수 있게 해주시면 정말 좋겠습니다."

"아, 그래요? 어느 교실을 원해요?"

"16교장이 넓고 좋습니다. 그곳을 사용하고 싶습니다."

교육장교님이 사무실에 있는 병장에게, 저에게 16교장 열쇠를 주어서 일과를 마치면 언제든지 쓸 수 있게 하라고 지시했습니다.

하나님, 우리 셋 중에 한 사람은 이 부대에 남게 해주십시오
육군 대령인 군종감이 설교하는 1군사령부 교회에는 주일 예배에 30명가량이 참석했는데, 이등병인 제가 인도하는 원주 통신훈련소 예배에는 매주 180명이 참석했습니다. 많은 교육생들이 복음을 들을 수 있어서 하나님 앞에 정말 감사했습니다. 복음 전하는 일에 빠져 지내다 보니 교육 기간인 16주가 금방 지나갔습니다. 교육이 끝나면 통신훈련소를 떠나 복무할 부대로 배치되기에, 김창원 송순종 형제와 함께 기도했습니다.

"하나님, 우리 셋 중에 한 사람은 이 부대에 남게 해주십시오. 이곳에서 매주 들어오는 교육생들에게 복음을 전하게 해주십시오."

ROC 311기 교육생 중에서 성적이 5등 안에 들면 자신이 원하는 부대로 갈 수 있었습니다. 하지만 우리 기수에는 사회에서 모르스 부호를 다루었던 친구가 여덟 명이나 되었습니다. 다른 동기들이 아무리 열심히 해도 그 친구들을 따라가지 못했습니다. 저는 전방 부대에 배치될 것 같았습니다.

통신훈련소를 졸업하는 날 아침, 교수 본부 앞에서 교육장교님을 기다렸습니다. 잠시 후 방 중위님이 사무실로 걸어왔습니다.

"충성! 교육장교님, 저 오늘 졸업합니다. 그동안 도와주셔서 감사해서 인사드리러 왔습니다."

그러자 그분이 "박 일병, 잠깐만" 하고 말을 끊었습니다. 제가 통신훈련소를 졸업하면서 작대기 두 개 일등병 계급장을 달아 일병이 되었습니다.

"내가 박 일병을 '수도경비사로 보내 줄까, 502장통단으로 보내 줄까, 부산 군수기지사령부로 보내 줄까?' 어느 부대로 보내 줄까 생각을 많이 했어요."

통신병들이 가고 싶어하는 부대가 그 세 곳이었습니다.

"그런데 박 일병이 내 곁에 있으면 내 신앙에 도움이 될 것 같아서 박 일병을 이곳에 있게 했어요. 그러니 섭섭하게 생각하지 마세요."

교육장교님의 이야기를 들으면서 얼마나 감사하던지요. 내가 통신훈련소에 남을 줄은 상상도 못 했기 때문에 말할 수 없이 기뻤습니다.

"교육장교님, 감사합니다!"

인사를 드리고 나와 통신 벙커로 뛰어갔습니다. 그곳은 제가 늘 기도하던 곳이었습니다. 벙커로 들어가 무릎을 꿇고 기도했습니다.

"하나님, 하나님은 살아 계십니다! 저를 이곳에 남게 해주셔서 정말 감사합니다!"

하나님께 감사하고, 하나님을 찬송했습니다.

원주 통신훈련소에서 제대할 때까지 교육생들에게 복음을 전했습니다. 군대에서 이등병은 피곤하다고 합니다. 거기에다 교육생이 되면 더 피곤합니다. 그런데 저는 이등병 교육생으로 한평생을 살라고 해도 살겠다는 마음이 들었습니다. 복음을 전하는 삶이 정말 행복했습니다. 제가 제대하고 통신훈련소 정문을 나오면서 '나와 함께하신 하나님과 같이라면 사하라사막에서도 살겠다. 어디에 가도 얼마든지 살겠다.'라는 마음이 들었습니다.

이등병과 통신훈련소장이 함께 지은 예배당

하나님이 여러분을 진심으로 사랑하십니다. 하나님은 사울에게 아말렉을 진멸하라고 하셨던 것처럼, 우리가 하나님 아닌 것을 다 제하고 하나님만 바라보길 원하십니다. 우리가 병들거나 어려운 일을 만났을 때 세상 어떤 도움과 비교할 수 없는 사랑과 능력으로 하나님이 우리를 도우십니다. 그렇다면 우리가 다른 것을 의지하지 않고 하나님만 바라보면 됩니다.

어떤 총각이 결혼을 앞두고 'A라는 여자가 더 좋을까, B라는 여자가 더 좋을까?' 하고 저울질만 하고 있으면 A도 싫어하고 B도 싫어할 것입니다. 한 사람을 선택해야 합니다. '나는 A보다 B가 좋아' 하고 B를 선택하면, B는 좋을 것입니다. 만일 여러분이 하나님을 선택하면 하나님은 우리 영혼을 구원하실 뿐 아니라 모든 일에 우리를 완벽하게 도우십니다. 여러분이 다른 것에 대한 기대를 다 버리고 하나님만 바라볼 때 놀라운 하나님의 역사들을 경험하게 됩니다. 저는 인간적으로 불가능한 일을 많이 겪었지만 그때마다 하나님이 놀랍게 도우시는 것을 보았습니다.

통신훈련소 16교장에서 예배를 드릴 때였습니다. 하루는 제가 말씀을 전하고 있는데 뒷문이 열리더니 훈련소 소장님이 걸어 들어오셨습니다. 제가 설교하다가 소장님을 보고 주춤하니까 소장님이 "종교를 계속 해라." 하셨습니다. 이등병이 육군 대령 앞에서 말씀을 전하려고 하니 얼마나 떨리던지, 겨우 마쳤습니다. 제가 설교를 마치자 소장님이 일어서서 말씀하셨습니다.

"내가 너희들에게 몇 마디 해도 되냐?"

누구인데 안 되겠습니까?

"예!"

소장님이 앞으로 나와 말씀하셨습니다.

"너희들이 언제부터 이런 일을 했는지 모르지만 나는 한 번도 보고를 받지 못했다. 내가 통신훈련소 소장으로 부임해 오면서 가장 섭섭했던 것이 부대에 교회가 없고 군목이 없는 것이었다."

3장 • 아말렉을 진멸하라 77

소장님이 한국전쟁 때 경험한 일을 이야기하셨습니다. 그때 보병 중대장이었는데, 백마고지를 탈환하라는 명령을 받았습니다. 백마고지는 앞도 평지고 뒤도 평지여서 고지를 점령한 쪽이 전투에서 굉장히 유리했습니다. 그러다 보니 남과 북에서 백마고지를 서로 차지하려고 치열하게 싸웠습니다. 고지의 주인이 수도 없이 바뀌었습니다. 국군은 주간 전투에 강해 낮에는 국군이 고지를 점령했다가, 밤이 되면 야간 전투에 능한 북한군이 점령했습니다. 수도 없이 고지 탈환 전투가 벌어지면서 수많은 군인들이 죽었습니다.

소장님이 중대를 이끌고 백마고지를 탈환하기 위해 갔습니다. 전투가 시작되기 전날 밤, 중대원이 방공호에 몸을 숨기고 날이 새길 기다렸습니다. 중대장이었던 소장님이 중대원들의 상태를 살피기 위해 방공호들을 둘러보았습니다. 전투가 시작되면 수많은 군인들이 전사할 것을 알기에 대부분의 군인들이 고향을 생각하고 부모님을 생각하며 눈물을 흘리고 있었습니다. 중대장님의 가슴이 너무 아팠습니다. '저 꽃다운 젊은이들이 내일 국가를 위해 싸우다 죽어가겠구나. 살릴 방법은 없나?' 무거운 마음으로 방공호들을 하나씩 둘러보고 있는데 어느 방공호에서 한 병사가 고개를 숙인 채 웅얼웅얼 하고 있었습니다.

"야, 너 뭐하고 있어?"

병사가 고개를 들어 중대장을 보았습니다.

"중대장님, 기도하고 있습니다."

"기도? 그래, 계속 기도해라. 너, 중대장을 위해서도 기도했나?"

"지금부터 하겠습니다."

중대장님이 방공호들을 다시 돌면서 병사들에게 말했습니다.

"너는 무엇을 믿냐? 하나님도 좋고 부처님도 좋고 용왕님도 좋고 조상신도 좋다. 무엇이든지 믿고 기도해라."

병사들이 다음날 전투가 시작되면 죽을 것이라는 두려움에 사로잡혀 있다가 중대장님의 말을 듣고 모두 애절하게 기도하기 시작했습니다.

날이 밝았고, 중대장님이 중대원에게 돌격 명령을 내렸습니다. 소장님이 말씀하길, 그날처럼 용맹한 군인들은 처음 보았다고 하셨습니다. 빠르고 강인하게 전투를 벌여 제일 적은 희생자를 내고 백마고지를 탈환했습니다. 소장님이 말씀하셨습니다.

"그때 내가 종교의 힘을 알았다. 우리 부대에 와서 교회도 없고 군목도 없어서 너무 섭섭했는데 오늘 너희들이 이렇게 하고 있는 것을 보니 너무 좋다."

그날 이후 소장님이 이등병인 저와 의논해 가며 예배당을 지었습니다. 부대에 땅은 충분하고, 건축 자재를 마련해야 했습니다. 트럭을 몰고 '문막'에 가서 모래를 퍼다가 벽돌 공장에 가져다주면 벽돌 스무 장을 주었습니다. 모래를 계속 퍼다 주어 필요한 만큼 벽돌을 모았습니다. 나무와 유리는 1107야공단에서 얻었습니다. 그렇게 해서 소장이었던 김삼갑 대령님과 함께 통신훈련소에 예배당을 지었습니다. 소장님은 그 후로도 제가 부대에서 교회 일을 하도록 여러 면으로 도와주셨습니다.

하나님이 우리의 모든 것이 되면 다른 것을 내버릴 수 있습니다.

우리 인생을 하나님만큼 도와주실 수 있는 분이 누가 있습니까? 그 하나님을 믿지 못하기 때문에 이것도 남겨두고 저것도 남겨둡니다. 그런 것들에 마음을 쏟으며 삽니다. 하나님은 당신이 도우실 것을 믿고 당신만을 의지하는 사람들을 찾고 계십니다.

각하의 죄에 대한 하나님의 판결문을 읽어보신 적이 있습니까?
2012년 여름, 가나에서 2천여 명의 대학생들이 모여 캠프를 가졌습니다. 제가 그곳에 가서 말씀을 전했습니다. 첫날 가진 개막식에 대통령 영부인이 참석해서 축하 메시지를 전해주셨습니다. 개막식이 끝난 뒤 영부인께서 저에게 다가와 진지하게 말씀하셨습니다.

"목사님, 대통령께서 몸이 아프신데 대통령을 위해 기도해 주실 수 있습니까?"

다음날 아침에 대통령궁에 가서 존 아타 밀스 대통령을 만났습니다. 병을 오랫동안 앓아 몸이 많이 쇠약해져 있었습니다. 대통령께서 저에게 말씀하셨습니다.

"목사님, 주치의가 오랫동안 저를 치료했지만 병이 점점 심해지고 있습니다. 제가 오늘 아침 잠이 깼을 때 '내가 앞으로 며칠을 더 살 수 있을까?' 생각했습니다. 많이 살면 5일 더 살 것 같다는 생각이 들었습니다. 저는 가나에서 믿음이 제일 좋은 대통령으로 인정받고 있습니다. 특별한 일이 없으면 주일에 빠지지 않고 교회에 갔습니다. 제가 교회에 가는 것을 경호원들은 정말 싫어합니다. 예배에 참석한 사람들을 일일이 몸수색을 할 수도 없으니까요. 그래서 사람들은 저를 보고 믿음이 좋다고 합니다. 그런데 목사님, 나도 사람인지라 죄를 지었습니다. 내가 죄를 씻지 못하고 죽는 것이 두렵습니다."

대통령의 이야기를 듣고 정말 감사했습니다. 제가 대통령께 물었습니다.

"각하, 각하께서 죄인인 것을 어떻게 아셨습니까?"

"내가 죄를 지었으니 죄인이 아닙니까?"

"그렇지 않습니다. 이 나라에서는 어떤 사람이 죄를 지으면 자신이 자기 죄를 결정합니까? 죄는 판사가 결정합니다."

"그건 그렇습니다."

"각하, 우리 죄를 판결하시는 재판장은 하나님이십니다. 각하는 혹시 각하의 죄에 대한 하나님의 판결문을 읽어보신 적이 있습니까?"

대통령께서 깜짝 놀라셨습니다.

"내 죄에 대한 하나님의 판결문이 있습니까?"

"예, 있습니다."

"그게 어디 있습니까?"

"성경에 있습니다. 보고 싶으십니까?"

"예, 보고 싶습니다."

제가 로마서 3장을 펴서 23절을 읽어 드렸습니다.

**"모든 사람이 죄를 범하였으매 하나님의 영광에 이르지 못하더니"
(롬 3:23)**

예수님이 십자가에 못 박히시기 전에는 우리가 다 죄인이었습니다. 모든 사람이 죄를 지어서 하나님의 영광에 도달할 수 없었습니다. 안타까운 것이, 사람들이 로마서 3장 23절은 대부분 아는데 24절을 아는 사람은 거의 없습니다. 23절보다 24절이 더 중요한데 24절을 모릅니다. 제가 대통령께 23절에 이어 24절을 읽어 드렸습니다.

"그리스도 예수 안에 있는 구속으로 말미암아 하나님의 은혜로 값 없이 의롭다 하심을 얻은 자 되었느니라."(롬 3:24)

24절에서 우리가 의롭다 하심을 얻은 자가 되었다고 했습니다. 누가 우리를 보고 의롭다고 하십니까? 하나님이십니다. 하나님이 우리를 보고 "의롭다"라고 판결하셨습니다.

제가 대통령께 말씀드렸습니다.

"이것이 각하의 죄에 대한 하나님의 판결문입니다. 대통령께서 죄를 지어 하나님의 영광에 이르지 못했는데, 최종 판결은 '존 아타 밀스 대통령은 의롭다'고 되어 있습니다. 예수님께서 우리를 구속하셨기 때문입니다."

제가 고린도전서 6장을 펴서 더 말씀드렸습니다.

"도적이나 탐람하는 자나 술 취하는 자나 후욕하는 자나 토색하는 자들은 하나님의 나라를 유업으로 받지 못하리라. 너희 중에 이와 같은 자들이 있더니 주 예수 그리스도의 이름과 우리 하나님의 성령 안에서 씻음과 거룩함과 의롭다 하심을 얻었느니라."(고전 6:10~11)

죄가 있는 사람은 하나님의 나라를 유업으로 받지 못합니다. "너희 중에 이와 같은 자들이 있더니"라는 구절처럼, 우리가 죄를 지어서 하늘나라를 유업으로 받을 수 없었습니다. 그런데 예수님 피로 씻어졌습니다. 거룩해졌습니다. 의로워졌습니다. 존 아타 밀스 대통령께서 성경 말씀을 듣고 이렇게 말씀하셨습니다.

"나는 씻어졌습니다. 나는 거룩합니다. 나는 의롭습니다."

처음 만났을 때에는 지옥에 갈까봐 두려워하셨는데 성경 말씀을 믿고 죄에서 벗어나 평안해하셨습니다.

"목사님, 이제 내가 죄 사함 받은 것을 내 마음에 품고 좀 쉬고 싶습니다."

대통령께서 쉬고 싶다고 하셔서 우리는 캠프 장소로 돌아왔습니다. 그리고 4시간 뒤, 영부인께서 전화를 하셨습니다.

"목사님, 대통령께서 영원한 안식을 얻기 위해 방금 주님의 부르심을 입었습니다."

"모든 사람이 죄를 범하였으매 하나님의 영광에 이르지 못하더니, 그리스도 예수 안에 있는 구속으로 말미암아 하나님의 은혜로 값 없이 의롭다 하심을 얻은 자 되었느니라."(롬 3:23~24)

이것이 우리 죄에 대한 하나님의 판결문입니다. 하나님이 우리를 의롭다고 하셨습니다. 이 말씀을 믿으면 우리가 의롭습니다. 만약 믿지 않으면 그 어떤 것으로도 구원받을 수 없습니다. 죄에서 벗어날 수 있는 길이 없습니다. 우리를 보고 의롭다고 하신 하나님의 말씀을 믿지 못하면, 아무리 충성되게 일하고 헌금을 많이 하고 착한 일을 많이 해도 죄에서 벗어나지 못합니다. 모든 사람이 죄를 지었기 때문에 죄인의 자리에서 떠나지 못합니다. 하늘나라에 갈 수 없습니다.

누구든지 죄에서 벗어나 천국에 가려면 우리를 보고 의롭다고 하신 하나님을 믿어야 합니다. 천국에 가기 위해 죄를 짓지 않고 착하게 살려고 발버둥치고 헌금하려고 애써야 하는 것이 아닙니다. 죄는 우리가 해결하는 것이 아니라 하나님이 해결해 주십니다. 죄를 해결하기 위해 무엇을 열심히 해야 하는 것이 아니라, 하나님이 해결해 주신 것을 마음에 받아들여야 합니다.

인생 전부를 우리를 가장 사랑하시는 하나님께 맡겨야
하나님이 사울에게 아말렉을 진멸하라고 하셨습니다. 모든 것을 치면 하나님이 돌봐 주신다는 말입니다. 다른 것을 의지하지 말고 하나님만 바라보라고 하신 것입니다. 여러분 삶에 하나님이 힘있게 역사하시지 않는 이유는, 하나님만 바라보는 것이 아니라 다른 방법으로 일을 처리하려는 마음을 가지고 있기 때문입니다. 그것은 하나님을 믿지 않는다는 이야기이기에 하나님이 일하실 수 없습니다. 하나님은 우리가 어려운 일을 만났을 때 '인간 방법을 찾느냐, 하나님을 찾느냐?' 그것을 제일 먼저 보십니다. 여러분이 오늘부터 어려울 때 이런저런 방법 쓰는 것을 그치고 한번 하나님만 의지해 보십시오. 하나님이 여러분을 도우시는 것이 세상 어느 도움보다 훨씬 좋고, 놀랍고, 감사합니다.

우리 인생 전부를 우리를 가장 사랑하시는 하나님께 맡겨야 합니다. 그런데 하나님과 비교도 되지 않는 시들한 것들을 붙잡고 하나님과 멀어져서 하나님의 도움을 입지 못하는 사람들이 너무 많습니다. 여러분이 자신의 지혜나 재치나 수단이나 능력을 버리고 하나님만 의지한다면 하나님이 여러분 인생 전부를 맡아서 주관해 주십니다.

제가 복음을 전하다 보니 전도자가 필요하다는 생각이 들어 '전도자를 길러야겠다.' 하고 선교학교를 시작했습니다. 그때 우리 교회

성도가 25명쯤 되었습니다. 선교학교를 한다고 하니 성도들이 깜짝 놀랐습니다. 조그마한 예배당에서 남학생 세 명과 여학생 두 명 모두 다섯 명을 가르쳤습니다. 그렇게 전도자들을 기르기 시작했는데, 지금은 우리 선교회에서 운영하는 굿뉴스신학교 출신 선교사들이 세계 곳곳에 파송되어 전 세계에서 놀랍게 일하고 있습니다.

얼마 전에는 제가 이스라엘에 가서 수석 랍비를 만났습니다. 둘이 성경 이야기를 나누었는데, 유대인들은 신약 성경을 보지 않기 때문에 구약 성경만 가지고 이야기했습니다. 수석 랍비께서 저를 보고 성경을 다 외우고 있는 것 같다고 했습니다. 제가 외우고 있는 성경 말씀들을 성경을 펴지 않고 이야기하니까 대부분의 성경을 외우는 줄 알았습니다. 그분이 초청해서 이스라엘을 다시 방문해 3일 동안 음악회 겸 집회를 가졌습니다.

저는 아무것도 아닌 인간이지만 무슨 일을 하든지 하나님이 길을 열어 주십니다. 우리가 하나님 안에서 이런 일들을 하는 것이 너무 감사합니다. 지금까지 수많은 대통령을 만나 복음을 전했고, 많은 대통령들과 가깝게 지내고 있습니다.

수 년 전에 한국에서 음악을 공부하던 학생들이 에스와티니에 해외 봉사를 갔습니다. 에스와티니 국립대학교 졸업식이 있는 날, 두 여학생이 노래를 불러 주려고 졸업식장에 찾아가 행사 담당자에게 말했습니다.

"우리는 한국에서 온 학생들로, 음악을 공부해서 노래를 잘합니다. 졸업식에서 축하 노래를 불러주고 싶습니다."

담당자가 안 된다고 했습니다.

"오늘 졸업식에 국왕님이 오신다. 어제 국왕님께 졸업식 프로그램을 보내 드렸다. 국왕님이 보신 프로그램은 아무도 못 바꾼다."

"알겠습니다. 그러면 졸업식을 구경하고 갈게요."

그렇게 이야기하고 한쪽에 앉았습니다. 잠시 후, 담당자가 두 학생을 찾아왔습니다.

"졸업식에 청중은 다 왔는데 국왕님이 안 오셨다. 국왕님이 오실 때까지 너희들이 노래를 불러 줄래?"

"좋아요. 몇 곡을 부를까요?"

"세 곡을 하면 좋겠다."

"예."

학생들이 첫 번째 노래를 반쯤 불렀을 때 국왕님이 도착해, 아무 말씀 하지 않고 자리에 앉았습니다. 두 학생은 노래를 계속 불렀고 국왕님이 아주 기뻐하셨습니다. 곧이어 졸업식이 시작되었습니다.

졸업식을 마친 뒤, 국왕님이 식전에 노래한 학생들을 찾아 두 학생이 국왕님을 뵈었습니다.

"너희들은 어떻게 여기에 왔냐?"

두 학생이 자신들의 이야기를 간략히 말씀드린 뒤 이렇게 덧붙였습니다.

"열흘 뒤에 우리 해외 봉사단과 봉사단이 속한 IYF(International Youth Fellowship)를 만드신 박옥수 목사님이 이 나라에 오세요."

국왕님이 한 장관에게 지시해, 제가 입국하는 시간을 알아본 뒤 공항에 가서 모셔 오라고 하셨습니다.

저는 그 사실을 모르고 에스와티니로 갔습니다. 비행기가 공항에 도착해 내리려고 준비하고 있는데 어떤 사람이 와서 저를 귀빈실로 인도했습니다. 국왕님의 지시를 받은 장관님이었습니다. 그분이 국왕님께서 저를 만나고 싶어하신다고 했습니다. 국가 원수를 만날 때에는 시간이 정해져 있습니다. 가장 길게 만나면 40분입니다. 40분이 지나 나가라고 하기 전에 예의를 갖추어 먼저 일어서야 합니다.

제가 장관님에게 국왕님을 뵙는 시간이 얼마나 되느냐고 묻자 40분이라고 했습니다. 얼마 후 왕궁에 도착해 국왕님이 계시는 곳으로 갔습니다. 신하들이 입구에서 국왕님이 계시는 곳까지 기어서 들어갔습니다. 저도 기려고 하자 비서실장이 다가와 "목사님, 외국인은 걸어들어가도 됩니다."라고 했습니다.

국왕님과 만나 이야기를 나누었습니다. 통역으로 복음을 전했습니다. 이야기를 나누기 전 국왕님과 인사하는 등에 10분을 썼기 때문에 30분 동안 복음을 전했습니다. 40분이 다 흘러 제가 입을 다물자 국왕님이 말씀하셨습니다.

"목사님, 말씀을 좀 더 전해 주십시오."

다시 복음을 자세히 전했습니다. 국왕님이 저를 뚫어져라 쳐다보며 말씀을 들으셨습니다. 30분이 흘러 제가 이야기를 마치자 다시 좀 더 전해 달라고 하셨습니다. 30분을 더 전해 1시간 반 동안 복음을 전했습니다. 국왕님이 말씀을 듣고 구원을 받으셨습니다. 그 후 에스와티니의 목회자들이 제가 인도하는 집회에 참석해서 말씀을 들었습니다. 목회자들이 다 기쁜소식선교회와 함께 일하자고 했습니다.

얼마 전에는 브라질에 있는 성당에 가서 복음을 전했습니다. 상파울루에 있는 대성당 신부님이 그라시아스합창단과 저를 초청했습니다. 합창단이 30분 정도 노래하고 제가 20분 정도 말씀을 전했습니다. 제가 한국으로 돌아온 뒤 신부님이 영상으로 편지를 보냈습니다. 언제든지 대성당에 와서 말씀을 전해 달라고 하며, 다음에 방문할 때에는 더 많은 사람들이 모여 말씀을 듣겠다고 했습니다. 다시 가면 더 많은 사람들에게 복음을 전하려고 합니다.

인도에 방문했을 때에는 10만 명이 모여 말씀을 들었습니다. 그분들이 복음을 듣고 기뻐서 어찌할 바를 몰랐습니다. 죄 사함 받은 사람은 손을 들어보라고 하니 다 들었습니다. 인도에도 다시 가고 싶습니다. 도시마다 다니며 복음을 전하고 싶습니다. 인도는 힌두교 국가로, 현재 정부가 기독교를 몰아내려고 하고 있습니다. 그래도 남부 지역에는 기독교 세력이 강해 그곳에서는 아직 집회를 가질 수 있습니다.

하나님이 일하시는 것이 정말 신기합니다. 제가 노력해서 어떤 일을 이루는 것과 하나님이 인도하셔서 일이 이루어지는 것은 전혀 다릅니다. 저는 참으로 하나님을 의지했고, 하나님이 제 길을 인도하셨습니다.

하나님이 의롭다고 판결하셨는데 죄인이라고 하면…

하나님이 일하시는 것과 인간인 우리가 일하는 것, 어느 것이 좋겠습니까? 여러분이 자신의 삶에 하나님이 일하시길 원하면, 무슨 일을 만나든지 자신의 방법을 다 버리고 하나님만 의지하십시오. 그 마음을 가지면 하나님이 여러분의 인생을 인도하십니다.

하나님이 섭섭해하시는 것은 하나입니다. 하나님이 우리를 죄에서 건져내시려고 예수님을 세상에 보내 십자가에 못 박혀 피를 흘리고 죽게 하셨습니다. 그렇게 해서 우리 죄를 다 사해 주셨습니다. 성경에 분명히 우리 죄가 사해졌다고 되어 있습니다. 하나님이 그렇게 이루어 놓으셨어도 여러분이 받지 않으면 자기 것이 되지 않습니다. 하나님이 그것을 섭섭해하십니다. 하나님이 하신 일을 믿음으로 받아들여야 합니다. '내 죄가 사해졌네요. 내가 의롭습니다.' 하고 받아들이면 하나님이 우리 죄를 사하신 것이 자기 것이 됩니다.

"모든 사람이 죄를 범하였으매 하나님의 영광에 이르지 못하더니, 그리스도 예수 안에 있는 구속으로 말미암아 하나님의 은혜로 값 없이 의롭다 하심을 얻은 자 되었느니라."(롬 3:23~24)

이 말씀대로 예수님이 우리 죄를 씻기 위해 십자가에 못 박혀 죽으셨고, 그로 말미암아 우리 죄가 씻어져서 하나님이 우리를 보고 의롭다고 하셨습니다. 이것이 여러분의 죄에 대한 하나님의 판결문입니다.

하나님이 우리를 보고 의롭다고 하셨는데 오늘날 한국의 많은 교인들은 자신이 죄인이라고 합니다. 그것이 하나님을 믿는 것입니까? 아닙니다. 하나님이 의롭다고 판결하셨는데 죄인이라고 하면 하나님과 싸우는 것밖에 안 됩니다. 하나님이 왜 우리를 의롭다고 하셨습니까? 예수 그리스도가 우리를 구속하셨기 때문입니다. 예수님이 우리 죄를 다 담당하시고 십자가에 못 박혀 우리가 할 받아야 죄의 벌을 다 받으셨습니다. 십자가의 죽음으로 우리 죄의 값을 다 지불하셨습니다. 예수님의 죽음으로 우리 죄가 다 씻어졌기 때문에 하나님이 의롭다고 하셨습니다.

성경에서 하나님이 여러분을 보고 의롭다고 하셨습니다. 의롭다는 말은 죄가 없다는 말입니다. "그렇지만 겸손하게 죄인이라고 해야지." 하는 사람이 있습니다. 그것이 무슨 겸손입니까? 하나님의 말씀을 거스르는 것입니다. 하나님의 말씀을 믿는 것이 겸손입니다. 여러분이 어떤 죄를 지었든지 하나님이 의롭다고 하시면 의롭습니다. "나는 몰라. 하나님이 나를 보고 의롭다고 하셨어. 그러니까 내가 의로워. 나는 죄인이 아니야." 이렇게 하는 것이 하나님을 믿는 것입니다.

하나님이 우리를 위해 이루신 일이 정말 놀랍습니다. 우리가 예수님의 피로 의롭게 된 후로도 하나님이 우리를 위해 일하시는 것을 보면 놀라울 때가 정말 많습니다.

저는 1962년에 죄 사함을 받은 뒤, 다니던 교회에서 죄가 다 씻어졌다고 이야기했다가 따돌림을 당했습니다. 목사님도 죄인이라고 하고 장로님도 죄인이라고 하기에 사람들이 "자기가 뭘 안다고 의롭다고 해?" 하고 따돌렸습니다. 사람들은 저를 따돌릴 수 있지만 하나님이 의롭다고 하셨으면 의롭습니다. 예수님이 십자가에서 우리 죄를 다 씻었는데 죄인이라고 한다면, 무엇 때문에 죄를 씻어 줍니까?

하나님이 우리 죄를 씻어 주신 것을 믿는 것이 하나님을 믿는 것입니다. 죄 사함을 받은 뒤로는 우리에게 닥치는 모든 문제를 우리가 해결하는 것이 아니라 하나님이 해결해 주시기를 바라는 마음으로 달려가는 것이 믿음입니다. 그렇게 할 때 여러분이 하나님의 사람이 됩니다.

하나님이 우리를 도우실 때 가장 좋고 행복하다
하나님은 우리가 하나님을 의지하기를 바라십니다. 그래서 사울에게 아말렉을 진멸하라고 하셨습니다. 안타깝게도 사울은 자기 보기에 좋은 것들은 남겨두고 쓸모없는 것들만 멸했습니다. 하나님이 '내가 사울을 세워 왕 삼은 것을 후회한다' 하셨습니다. 여러분이 하나님만 의지하면 하나님이 여러분을 세우십니다. 모든 일에 도우십니다.

저는 아무것도 아닌 사람이었는데 성경을 수없이 읽으면서 성경에서 하나님의 마음을 발견했습니다. 성경 말씀에 담긴 하나님의 마음에 제 마음을 같이했습니다. 그 후로 제가 하는 모든 일을 하나님이 도우시는 것을 보았습니다. 일하다 보면 '하나님이 안 도우시면 어쩌지?'라는 생각이 듭니다. 그럴 때 "사탄아 물러가라. 하나님이 도우신다고 했는데 왜 안 도우셔?" 해야 합니다.

하나님을 믿고 의지하십시오. 하나님과 한마음이 되면 하나님이 모든 일에 역사하십니다. 절대로 죄인이라고 하지 마십시오. 예수님이 얼마나 섭섭해하시는지 모릅니다. '내가 피를 흘리고 죽어 죄를 다 씻어 놓았는데 죄인이라고 하는구나.' 여러분이 죄인이라면 그것은 예수님이 헛 죽었다는 이야기밖에 안 됩니다. 그것은 겸손이 아닙니다. 예수님을 대적하는 것입니다.

여러분에게 묻겠습니다. 예수님이 우리 죄 때문에 십자가에 못 박히셨죠? 예수님이 십자가에 못 박혀 죽으셔서 우리 죄를 다 씻으셨죠? 그래도 죄인입니까? 우리가 죄를 지었지만 죄인이 아닙니다. 죄를 지었는데 죄인이 아니라니, 말이 됩니까? 말이 됩니다. 예수님이 우리 죄를 대신 해결해 주셨기 때문입니다. 그래서 우리가 "그 피로 속죄함 받았네" 하고 찬송합니다.

사울은 자신을 믿어 아말렉을 진멸하지 못하고 양이나 소의 좋은 것을 남겼습니다. 그러니까 하나님이 사울의 전부가 되지 못했습니다. 하나님보다 좋은 것은 없습니다. 하나님이 여러분을 도우실 때 가장 좋고 행복합니다. 여러분 모두 하나님을 의지하고, 그래서 어떤 문제든지 하나님이 도우시는 은혜를 입게 되길 바랍니다.

04

우리가 거룩함을
얻었노라

4장

우리가
거룩함을 얻었노라

신약 성경 히브리서 10장 1절부터 읽겠습니다.

"율법은 장차 오는 좋은 일의 그림자요 참 형상이 아니므로 해마다 늘 드리는바 같은 제사로는 나아오는 자들을 언제든지 온전케 할 수 없느니라. 그렇지 아니하면 섬기는 자들이 단번에 정결케 되어 다시 죄를 깨닫는 일이 없으리니 어찌 드리는 일을 그치지 아니하였으리요. 그러나 이 제사들은 해마다 죄를 생각하게 하는 것이 있나니 이는 황소와 염소의 피가 능히 죄를 없이 하지 못함이라. 그러므로 세상에 임하실 때에 가라사대 '하나님이 제사와 예물을 원치 아니하시고 오직 나를 위하여 한 몸을 예비하셨도다. 전체로 번제함과 속죄제는 기뻐하지 아니하시나니 이에 내가 말하기를, 하나님이여 보시옵소서. 두루마리 책에 나를 가리켜 기록한 것과 같이 하나님의 뜻을 행하러 왔나이다' 하시니라. 위에 말씀하시기를 제사와 예물과 전체로 번제함과 속죄제는 원치도 아니하고 기뻐하지도 아니하신다 하셨고 (이는 다 율법을 따라 드리는 것이라) 그 후에 말씀하시기를 '보시옵소서, 내가 하나님의 뜻을 행하러 왔나이다' 하셨으니 그 첫 것을 폐하심은 둘째 것을 세우려 하심이니라. 이 뜻을 좇아 예수 그리스도의 몸을 단번에 드리심으로 말미암아 우리가 거룩함을 얻었노라. 제사장마다 매일 서서 섬기며 자주 같은 제사를 드리되 이 제사는 언제든지 죄를 없게 하지 못하거니와 오직 그리스도는 죄를 위하여 한 영원한 제사를 드리시고 하나님 우편에 앉으사 그 후에 자기 원수들로 자기 발등상이 되게 하실 때까지 기다리시나니 저가 한 제물로 거룩하게 된 자들을 영원히 온전케 하셨느니라. 또한 성령이 우리에게 증거하시되 주께서 가라사대 '그날 후로는 저희와 세울 언약이 이것이라' 하시고 '내 법을 저희 마음에 두고 저희 생각에 기록하리라' 하신 후에 또 '저희 죄와 저희 불법을 내가 다시 기억지 아니하리라' 하셨으니 이것을 사하셨은즉 다시 죄를 위하여 제사드릴 것이 없느니라."
(히 10:1~18)

저는 어릴 때 장로교회에 다녔습니다. 당시는 한국전쟁이 끝나고 대부분 가난하게 살 때여서 배가 많이 고팠습니다. 밀 이삭이 익어갈 때면 친구들과 남의 집 밀밭에 살살 기어들어가서 밀 이삭들을 끊어 품속에 숨긴 뒤, 산꼭대기에 올라가서 나무로 불을 피워 밀 이삭을 구워 먹었습니다. 불에 구운 밀을 손바닥으로 비빈 뒤 입으로 '후~' 하고 불면 껍질은 날아가고 알맹이만 남았습니다. 불에 구운 밀이 정말 맛있었습니다. 남의 과수원에 들어가서 사과도 따먹고, 도둑질을 많이 했습니다.

죄를 지은 사람이 앞으로 착하게 산다 해도…
사람들 가운데에는 살인을 저지른 사람도 있고 회사에서 많은 돈을 횡령한 사람도 있습니다. 이처럼 큰 죄도 있지만 살면서 짓는 작은 죄들도 있습니다. 크든 작든 죄를 짓지 않은 사람은 없습니다. 죄를 지은 사람은 죄가 있습니다. 그 사람이 앞으로 죄를 짓지 않고 착하게 산다고 해서 지은 죄가 없어지는 것은 아닙니다. 예를 들어, 제가 남의 집에 몰래 들어가서 금고에 들어 있는 돈 1억 원을 훔쳤습니다. 그 일로 마음에 가책을 느껴 그 뒤로 도둑질을 한 번도 하지 않으면 제가 죄가 없는 사람입니까?

율법을 지켜서 의롭게 되려고 하는 사람들이 있습니다. 하지만 죄를 짓지 않은 사람은 아무도 없습니다. 사람들이 전에는 죄를 지었지만 앞으로는 죄를 짓지 않아야겠다고 생각합니다. 이제부터 율법을 지키겠다고 다짐합니다. 그것은 아무 소용이 없습니다. 이미 법을 어긴 사람이 앞으로 법을 지킨다고 해서 전에 잘못한 것이 사라지는 것은 아닙니다.

하나님은 우리에게 율법을 다 지켜서 의롭게 되라고 말씀하시는 것이 아닙니다. 우리에게 은혜를 베푸십니다. 제가 열아홉 살이었을 때 할 일이 없어서 성경을 읽기 시작했습니다. 성경을 굉장히 많이 읽었습니다. 한 번 읽고, 두 번 읽고, 열 번 읽고, 스무 번 읽고, 쉰 번 읽고…. 읽고 또 읽었습니다. 성경을 계속 읽으면서 관념적으로 알던 성경의 윤곽이 서서히 보이기 시작했습니다.

　성경을 전체적으로 알지 못하고 한쪽 부분만 아는 사람들은 십계명을 잘 지키려고 노력하면 죄를 짓지 않게 되고, 그러면 하나님의 복을 받을 줄로 압니다. 그래서 많은 목사님들이 교인들에게 십계명을 잘 지키라고 합니다. 그런 분들은 교인들을 고통스럽게 만드는 사람들입니다. 교인들이 목사님의 말씀대로 십계명을 잘 지켜야 하는데 안 되니까요. 이 자리에 오신 여러분 가운데 십계명을 다 지키신 분 있으면 손들어 보십시오. 한 사람도 없습니다. 성경도 우리가 하나님의 법을 지킬 수 없다고 이야기합니다. 지은 죄를 씻음 받아야 한다고 이야기합니다. 죄를 지은 사람이 어떻게 죄를 사함 받는지 자세히 기록되어 있습니다.

구약 시대의 속죄제사는 예수님이 죄를 씻는 것의 그림자
구약 성경에 기록된 속죄제사는 하나님의 어린양으로 세상에 오셔서 우리 죄를 위해 죽으실 예수 그리스도를 보여 주는 그림자입니다. 히브리서 10장이 그 부분에 관해 자세히 이야기하고 있습니다. 히브리서 10장 1절 말씀을 보겠습니다.

　"율법은 장차 오는 좋은 일의 그림자요 참 형상이 아니므로 해마다 늘 드리는바 같은 제사로는 나아오는 자들을 언제든지 온전케 할 수 없느니라."(히 10:1)

　1절에서, 율법은 장차 오는 좋은 일의 그림자이지 진짜 형상이 아니라고 했습니다. 성경을 잘 모르면 이런 말씀을 읽을 때 '율법이 그림자라는 말이 뭐지? 장차 오는 좋은 일은 뭐고?' 하고 헷갈립니다.

히브리서 10장을 찬찬히 읽어 내려가면 여기서 말하는 '율법'은 제사법을 가리킨다는 사실을 알 수 있습니다. 율법은 크게 두 가지로 되어 있습니다. 하나는 십계명처럼 '하라, 하지 말라'는 행위에 관한 법이고, 다른 하나는 '번제는 이렇게 드리고, 속죄제는 이렇게 드려라'는 규례들을 정해놓은 법입니다.

히브리서 10장 1절이 이야기하는 것은, 구약 시대에 드린 속죄제사는 참 형상이 아니고 장차 오는 좋은 일의 그림자라는 것입니다. '장차 오는 좋은 일'은 예수님이 우리 죄를 씻는 일입니다. 하나님은 예수님의 죽음으로 우리 죄가 씻어지는 사실을 가르쳐 주시려고, 구약 성경에서 속죄제사를 드려 죄를 사함 받는 길을 말씀하셨습니다. 속죄 제물인 양이나 염소가 피를 흘리고 죽고, 그 피를 받아 제단 뿔에 바르면 죄가 사해졌습니다. 그것이 그림자였습니다.

"제사장마다 매일 서서 섬기며 자주 같은 제사를 드리되 이 제사는 언제든지 죄를 없게 하지 못하거니와"(히 10:11)

여기 보면, 구약 시대에 제사장이 매일 자주 같은 제사를 드렸다고 했습니다. 이 제사는 죄가 항상 없게 하지는 못했습니다. 죄를 지을 때마다 속죄제사를 드려야 했습니다. 그림자였기 때문입니다. 참 형상인 예수님이 드리신 속죄제사는 항상 죄가 없게 만듭니다.

"오직 그리스도는 죄를 위하여 한 영원한 제사를 드리시고 하나님 우편에 앉으사"(히 10:12)

예수님은 자주 같은 제사를 드리신 것이 아니라, 영원한 제사를 드리셨습니다. 영원한 제사를 드려 다시 제사 드릴 것이 없기 때문에 서 계시는 것이 아니라 하나님 우편에 앉으셨습니다.

"이것을 사하셨은즉 다시 죄를 위하여 제사 드릴 것이 없느니라."
(히 10:18)

예수님이 십자가에 못 박혀 죽으심으로 말미암아 우리가 거룩하게 되었습니다. 예수님의 죽음은 우리를 영원히 온전케 하셨습니다.

"저가 한 제물로 거룩하게 된 자들을 영원히 온전케 하셨느니라."
(히 10:14)

하나님의 판결문의 결론은 23절이 아니라 24절에

어제 이야기한 것처럼, 가나의 존 아타 밀스 대통령이 죽음 앞에서 두려웠습니다. 여러분이 지은 모든 죄가 하나도 남김없이 눈처럼 희게 씻어졌으면, 죽음 앞에 섰을 때 찬송하며 이 땅을 떠날 수 있습니다. 반대로 죄가 하나라도 남아 있으면 얼마나 불안하고 초조하겠습니까? 이제 죽으면 천국이냐 지옥이냐가 결정되는데 죄가 있으면 그것처럼 고통스러운 일이 있겠습니까? 가나 대통령이 죽음을 앞두고 저에게 이야기한 것이 죄 문제였습니다.

"목사님, 내가 대통령이지만 나도 사람인지라 죄를 지었습니다."

대통령이 큰 권력을 가지고 있지만 자신의 죄를 마음에서 제거하지는 못합니다. 쓰레기 같으면 들고 있다가 휴지통에 슬쩍 버릴 수 있지만, 죄는 아무리 용서해 달라고 빌어도 마음에서 떠나지 않습니다. 죄는 예수님의 피로 씻어집니다. 제가 대통령께 로마서 3장 23~24절 말씀을 읽어 드렸습니다.

"모든 사람이 죄를 범하였으매 하나님의 영광에 이르지 못하더니, 그리스도 예수 안에 있는 구속으로 말미암아 하나님의 은혜로 값 없

이 의롭다 하심을 얻은 자 되었느니라."(롬 3:23~24)

여기에 우리 죄에 대한 하나님의 판결이 기록되어 있습니다. 결론이 무엇입니까? 죄인입니까, 의인입니까? 23절에서는 우리가 죄를 지은 죄인이었다가, 24절에서는 의롭게 되었습니다. 이것이 박옥수 목사의 말입니까? 하나님의 말씀입니다. 하나님이 말씀하시길, 모든 사람이 죄를 범했다고 하셨습니다. 그로 인해 하나님의 영광에 이르지 못하고 지옥에 가야 한다고 하셨습니다. 그런데 예수님이 우리를 구속救贖하셨습니다. 구속이란, 예수님이 우리 대신 죽어 우리가 지은 죄의 값을 다 지불하셔서 우리를 죄에서 벗어나 자유롭게 하셨다는 말입니다.

예수님이 우리가 지은 죄의 벌을 받고 죽으심으로 우리 죄가 다 씻어졌습니다. 우리가 하나님의 은혜로, 값 없이 의롭다 하심을 얻은 자가 되었습니다. 하나님이 우리를 보고 '의롭다' 하셨습니다. 오늘 이 자리에 앉아 계신 여러분 모두를 위하여 하나님이 이 말씀을 성경에 기록하셨습니다. 믿고 안 믿고는 여러분 자유입니다.

하나님은 '모든 사람이 죄를 범했지만 의롭게 되었다'고 말씀하셨습니다. 안타깝게도 오늘날 많은 교회에서 로마서 3장 23절까지만 보고 우리가 다 죄를 지은 죄인이라고 합니다. 그러나 하나님의 판결문의 결론은 23절에 있는 것이 아니라 24절에 있습니다. 그런데 한국의 수많은 기독교인들이 23절은 아는데 24절을 아는 사람은 거의 없습니다. 그래서 하나님이 우리를 보고 의롭다고 하셨는데도 자신이 죄인이라고 합니다. 의인이라고 하는 것은 잘못되었고 죄인이 맞다고 합니다. 사탄이 24절을 보지 못하도록 막았기 때문입니다.

오늘도 얼마나 많은 사람들이 울면서 지은 죄를 용서해 달라고 기도하고 있습니까? 하나님이 의롭다고 말씀하신 것을 모르기 때문입니다. 우리에게 필요한 것은 로마서 3장 23절이 아니라 24절입니다. 23절도 사실이지만 24절까지 봐야 판결문이 완성됩니다.

"모든 사람이 죄를 범하였으매 하나님의 영광에 이르지 못하더니"(롬 3:23)

23절에는 사람이 나옵니다. 예수님은 없습니다. 24절에는 예수님이 나옵니다.

"그리스도 예수 안에 있는 구속으로 말미암아 하나님의 은혜로 값없이 의롭다 하심을 얻은 자 되었느니라."(롬 3:24)

예수님이 없을 때 우리는 죄인이었습니다. 그러나 예수님이 세상에 오셔서 십자가에 못 박혀 죽으심으로 우리 신분이 달라졌습니다. 우리 죄가 다 씻어져서 우리가 의롭게 되었습니다.

여러분이 로마서 3장 23절만 읽거나 듣고 '모든 사람이 죄인이구나' 하고 성경을 덮으면 안 됩니다. 24절까지 읽어야 합니다. 그래서 '아, 예수님의 구속으로 우리가 의롭게 되었구나' 해야 합니다.

하나님이 우리 모두를 보고 말씀하셨습니다.

"너희들은 죄를 지었다. 그래서 하늘나라에 올 수 없었다."

여러분이 다 죄를 지은 것이 맞습니까? 예, 맞습니다. 하나님이 이어서 말씀하셨습니다.

"그런데 예수 그리스도가 죽어 너희 죄 값을 다 갚아서 너희 죄가 다 씻어졌다. 그래서 너희가 의롭게 되었다."

예수님이 여러분 죄를 다 씻은 것이 맞습니까? 예, 맞습니다. 이

것이 박옥수 목사의 말이 아니고 성경 말씀입니다. 하나님의 말씀입니다. 우리가 아무것도 하지 않았지만 예수님이 다 이루어 놓으셔서 우리가 은혜로 의롭다 하심을 얻은 자가 되었습니다.

　로마서 3장 23~24절은 오늘 이 자리에 계신 수천 명의 사람들 모두에게 하나님이 하신 말씀입니다. 여러분 모두 죄를 범했지요? 그래서 멸망을 당해야 했지요? 그런데 예수님이 대신 죽어 주셨지요? 그로 말미암아 우리 죄가 다 씻어졌지요? 그래서 하나님이 우리를 의롭다고 하셨지요? 하나님이 우리를 보고 의롭다고 하시면 의로운 것입니다. '나는 도둑질해서 의롭지 않은데….' 그것은 예수님을 빼고 한 생각입니다. 예수님을 넣고 생각하면 우리 죄가 다 씻어져서 우리가 의로운 것이 맞습니다. 하나님이 우리를 보고 거룩하다고 하시면 우리가 거룩합니다.

씻음과 거룩함과 의롭다 하심을 얻었느니라

고린도전서 6장 10~11절에도 이와 같은 말씀이 기록되어 있습니다.

　"도적이나 탐람하는 자나 술 취하는 자나 후욕하는 자나 토색하는 자들은 하나님의 나라를 유업으로 받지 못하리라."(고전 6:10)

　10절에 기록된 일을 행한 사람은 하늘나라에 가지 못한다고 했습니다. 여러분 중에 도둑질한 적이 있는 분 계십니까? 술 취한 적이 있는 분 계십니까? 그런 사람은 하늘나라에 가지 못한다고 했습니다. 그런데 11절에 전혀 다른 이야기가 나옵니다.

　"너희 중에 이와 같은 자들이 있더니, 주 예수 그리스도의 이름과 우리 하나님의 성령 안에서 씻음과 거룩함과 의롭다 하심을 얻었느니

라."(고전 6:11)

　예수님으로 말미암아 우리가 씻어졌고, 거룩해졌고, 의로워졌다고 했습니다. 제가 이와 같은 성경 구절을 펴서 이야기하면 어떤 사람은 자꾸 제 성경을 쳐다봅니다. 이런 말씀을 처음 듣기 때문에 제 성경이 자신이 가지고 있는 성경과 다른 성경이 아닌가 하고요.

　10절에서 분명히 죄를 지은 사람은 하늘나라에 가지 못한다고 말했는데, 11절에서는 그런 죄를 지은 사람들이 씻어졌다고 했습니다. 거룩함을 얻고 의롭다 함을 얻었다고 했습니다. 예수님이 그 일을 이루셨기 때문입니다. 예수님이 우리 죄를 씻기 위해 십자가에 못 박혀 죽으셨는데 우리 죄가 남아 있다면, 그것은 예수님이 죽으나마나입니다. 아무 소용이 없습니다. 예수님은 그렇게 하시지 않았습니다. 우리 죄를 다 짊어지고 흔적도 없이 깨끗이 씻었습니다. 우리가 씻음과 거룩함과 의롭다 하심을 얻게 해놓으셨습니다. 여러분이 그 사실을 알지 못할까봐 성경에 분명히 기록해 놓으셨습니다.

　누구든지 성경을 자세히 읽으면 자신이 죄인이라는 말을 하지 않습니다. '성경에서 우리 죄가 씻어졌다고 하는구나. 하나님이 나를 보고 거룩하다고 하고 의롭다고 하시는구나. 그렇다면 내 죄가 씻어진 것이 맞고, 내가 거룩하고 의로운 것이 맞다.' 이렇게 믿는 것이 하나님을 믿는 것입니다.

　하나님은 우리에게 스스로 의롭게 되라고 하시지 않습니다. 우리는 이미 죄를 지었기 때문에 아무리 헌금을 많이 하고 아무리 착한 일을 많이 하고 다른 사람을 위해 희생해도 의롭게 되지 못합니다. 어떤 선한 일을 해도 우리가 지은 죄는 씻어지지 않습니다. 새벽기도회에 매일 참석하고, 눈물로 회개한다고 씻어지는 것도 아닙니다. 죄의 삯은 사망입니다. 그 삯을 누가 지불해야 합니까? 예수님이 지불하십니다. 예수님이 온 인류의 죄를 짊어지고 십자가에 못 박혀 돌아가셨습니다. 예수님의 죽음으로 우리 죄가 씻어졌고, 우리가 거룩해지고 의로워졌습니다. 성경이 이것을 이야기합니다.

여러분, 성경을 펴서 보십시오. 저는 성경을 수도 없이 읽었습니다. 성경에는 예수님이 우리 죄를 씻은 이야기가 여기저기 기록되어 있습니다. 예수님이 십자가에 못 박히시기 전에 하나님께 "아버지여, 만일 할 만하시거든 이 잔을 내게서 지나가게 하옵소서."라고 기도하셨습니다. 예수님이 십자가에 못 박히시는 것을 피하실 수 없었던 것은, 죄의 삯을 지불하지 않고는 우리 죄가 씻어지지 않기 때문입니다. 예수님은 인류의 죄를 씻기 위해 십자가를 지셨습니다.

누가 뭐라고 해도, 하나님이 말씀하신 것을 마음에 세워야

1962년, 제가 열아홉 살 때 저는 죄 때문에 정말 괴로웠습니다. 서두에 이야기한 것처럼 죄를 많이 지었습니다. 친구들과 남의 집 밀 이삭을 끊어 산꼭대기에 올라가서 불을 피워 구워 먹었습니다. 남의 밭에서 감자도 캐먹고, 남의 과수원에 들어가서 사과도 따먹었습니다. 매일 새벽 교회에 가서 죄를 용서해 달라고 기도했습니다. 사람들이 있는 데에서 지은 죄를 말하기 부끄러우니까 제일 먼저 교회에 가서 기도하고, 새벽기도회가 끝나고 사람들이 돌아가면 다시 지은 죄를 고백하며 죄를 용서해 달라고 기도했습니다. 하지만 아무리 기도해도 죄에서 벗어날 수 없었습니다. 늘 죄를 지으며 괴로워해야 했습니다. 나는 분명히 지옥에 갈 거라고 생각했습니다.

그렇게 지내다 성경을 읽기 시작했습니다. 신구약 성경을 한 번 읽는데 60시간 정도 걸립니다. 하루에 10시간씩 성경을 읽으면 일주일에 한 번을 읽을 수 있습니다. 자주 그렇게 하지는 않았지만 일주일에 성경을 한 번씩 읽었습니다. 성경을 읽어도 다 이해가 되는 것은 아닙니다. 계속 읽다 보면 성경의 윤곽이 잡히고, 내용이 마음에 툭툭 부딪혀 오는 것이 있습니다. 그 가운데 하나가 구약 성경 레위기 4장에 나오는 속죄제사였습니다.

속죄제사에 관한 말씀을 보면 우리 죄가 사해지는 길이 나옵니다. 속죄 제물인 양이나 염소가 피를 흘리고 죽음으로 죄가 사해졌습니다. 그것은 예수님의 죽음으로 우리 죄가 사해지는 것을 미리 가르쳐 주는 그림자였습니다. 저는 죄를 많이 지어서 분명히 지옥에 갈 거라고 생각했지만 성경은 그렇게 이야기하고 있지 않았습니다. 하나님은 내 생각과 다르게 말씀하셨습니다. 구약 성경에서 내 죄가 씻어지는 속죄제사에 관해 말씀하셨고, 구약에 기록된 그대로 예수님이 하나님의 어린양으로 세상에 오셔서 우리 죄를 영원히 씻었다는 사실을 신약 성경 곳곳에서 이야기하고 있었습니다.

오늘 여러분은 이 사실을 확실히 알아야 합니다. 누가 뭐라고 해도, 성경에서 하나님이 말씀하신 사실을 마음에 분명히 세워야 합니다.

"모든 사람이 죄를 범하였으매 하나님의 영광에 이르지 못하더니, 그리스도 예수 안에 있는 구속으로 말미암아 하나님의 은혜로 값 없이 의롭다 하심을 얻은 자 되었느니라."(롬 3:23~24)

예수님이 우리를 구속해, 우리가 하나님의 은혜로 아무것도 하지 않고 값 없이 '의롭다' 하심을 얻은 자가 되었습니다. 하나님이 우리를 '의롭다' 하셨습니다.

내가 자기를 아는데 자기가 죄가 없다고?

내 죄가 씻어졌다는 사실을 안 뒤 제 삶이 달라졌습니다. 새벽마다 교회에 가서 죄를 용서해 달라고 기도하고 그래도 죄가 씻어지지 않아서 괴로워했는데, 그 삶이 끝났습니다. 지옥에 갈 것이라는 두려움과 고통 속에서 살았는데, 그것도 사라졌습니다. 죄가 다 씻어져서 정말 감사했습니다. 지옥에 가는 것이 아니라 이제 천국에 갈 수 있다는 사실이 말할 수 없이 감사했습니다.

저는 경북 선산군 선산읍에 있는 교회에 다녔습니다. 토요일이면 저녁마다 교회 청년들이 모여서 성가 연습을 했습니다. 교회에 청년들이 20~30명 되었는데, 그 사람들이 주일학교 반사도 하고 성가대도 했습니다. 토요일 저녁에 성가 연습을 마치면 재미있는 순서들이 많았습니다. 제가 죄 사함을 받은 뒤, 토요일 저녁에 성가 연습을 마치고 앞으로 나가서 청년들에게 내가 죄 사함을 받았다고 이야기했습니다. 죄 때문에 괴로워하던 이야기, 새벽마다 죄를 용서해 달라고 기도했지만 죄에서 벗어나지 못했던 이야기, 그리고 예수님의 피로 내 죄가 씻어진 이야기를 했습니다. 제가 하는 이야기를 듣고 청년들이 깜짝 놀랐습니다.

"박 선생, 나도 죄가 많다. 어떻게 해야 되지?"

예수님이 우리 죄를 씻은 것은 알았지만, 그때는 그 사실을 사람들에게 자세히 설명해 주지는 못했습니다. 그래서 더 이야기를 해주지 못했습니다.

얼마 후, 제 이야기가 목사님 귀에 들어갔습니다. 그것이 문제가 되었습니다. 당시 제가 다니던 교회에서는 목사님도 죄인이라고 하고, 장로님도 죄인이라고 했습니다. 그런데 저는 죄가 다 씻어져서 죄가 없다고 하니 문제가 되지 않을 수 없었습니다.

어느 주일 예배에 참석했을 때, 광고 시간에 목사님이 '박옥수 선생은 주일에 차를 탔으니 수찬 정지 처분을 내린다'고 했습니다. 제가 주일에 차를 한 번 탔는데, 주일을 지키지 않았으니 성찬식에 참석할 수 없다는 것이었습니다. 그 이야기를 듣고 여러 생각이 오갔습니다. 그때 목사님의 두 딸이 대구에서 학교를 다니고 있었습니다. 딸들이 토요일에 대구에서 차를 타고 선산으로 왔다가, 주일 예배를 드리고 점심을 먹은 뒤 다시 차를 타고 대구로 갔습니다. 목사님의 두 딸은 주일마다 차를 타고 다니고 저는 어쩌다 한 번 차를 탔는데, 제가 주일을 지키지 않았기에 그에 따른 처분을 내린다는 목사님의 이야기가 이상하게 들렸습니다. "목사님 따님은요?"라는 말이 목구멍까지 올라오는데, 목사님 입장이 난처해지실 것 같아 참았습니다.

교회에는 청년들이 모이는 방이 있었습니다. 하루는 그 방에 가서 문을 열려고 문고리를 잡는데 안에서 제 이야기를 하는 소리가 들렸습니다.

"박옥수 그 녀석 웃기는 녀석이야. 내가 자기를 아는데 자기가 죄가 없다고?"

함께 다니며 죄를 지었던 친구였습니다. 그 친구의 이야기를 듣고 방에 있던 청년들이 다 웃었습니다. 제가 말도 안 되는 소리를 한다는, 비웃음이었습니다.

저는 죄를 짓지 않았다고 말한 것이 아니었습니다. 죄가 없다는 것과 죄를 짓지 않았다는 것은 다릅니다. 우리는 함께 나쁜 짓을 많이 했지만, 그 친구는 그 죄가 그대로 남아 있었고 저는 깨끗이 씻었습니다. 예수님의 피로 내 죄가 씻어졌다는 사실을 믿었습니다. 그런데 그 친구는, 마치 제가 죄를 짓지 않아서 죄가 없다고 말하는 것처럼 이야기했습니다. 방문을 확 열고 들어가서 '내가 한 말을 왜 왜곡해서 이야기하느냐'고 따지고 싶었지만 그렇게 해보았자 아무 소용이 없을 것 같았습니다. 교회에서 나를 따돌린다는 것을 느낄 수 있었습니다.

한번은 길에서 같은 교회에 다니는 한 여자 선생을 만났습니다. 시골이라 우리는 남녀 관계없이 편하게 지냈습니다.

"김 선생, 죄 사함 받아야 해."

제가 그렇게 말하자 저를 똑바로 쳐다보면서 말했습니다.

"박 선생, 정신 차려라. 네가 목사님보다 낫냐? 그런 이야기를 하고 싶으면 목사님에게 가서 해라."

다 죄인이라고 하는 교회에서 죄가 없다고 하는 저는 이상한 사람이 되어 있었습니다. 죄 사함을 받는 것이 옳지만, 죄인이 옳고 저는 잘못된 사람이 되었습니다.

죄를 지은 모든 사람을 예수님이 의롭게 해놓으셨다

매일 새벽 교회에 가서 죄를 용서해 달라고 기도해도 죄가 씻어지지 않으면 무슨 소용이 있습니까? 기도하다가 몸이 떨리고 뜨거워진다

해도 죄가 있으면 무슨 의미가 있습니까? 신비로운 체험을 해서 거듭 났다고 하는 사람들이 있는데, 아무리 신비한 체험을 했다 해도 죄가 있으면 아무 쓸모가 없습니다. 우리 죄를 씻었다는 하나님의 말씀을 들어야 합니다. 그 말씀을 믿음으로 마음에 받아들여야 합니다. 성경 말씀이 죄를 지은 우리에게 얼마나 좋습니까?

"모든 사람이 죄를 범하였으매 하나님의 영광에 이르지 못하더니, 그리스도 예수 안에 있는 구속으로 말미암아 하나님의 은혜로 값 없이 의롭다 하심을 얻은 자 되었느니라."(롬 3:23~24)

성경이 말하길, 우리가 의롭게 되었다고 했습니다. 어떤 사람이 의롭게 되었습니까? 모든 사람이 의롭게 되었습니다. 이 성경 말씀의 시작이 '모든 사람이'입니다. 죄를 지은 모든 사람을 예수님이 십자가에 못 박혀 죽으심으로 의롭게 해놓으셨습니다. 예수님이 죽기 전에도 우리가 죄인, 죽은 뒤에도 죄인이라면 예수님이 십자가에 못 박혀 죽으신 것의 의미가 뭡니까? 우리가 죄인이라고 말하는 것은 예수님을 욕되게 하는 것입니다.

"나는 더러운 죄인이었다. 추하고 악하고 음란하고 방탕했다. 그러나 예수님이 내 죄의 벌을 다 받으셔서 내 죄가 다 씻어졌다. 내가 의롭게 되었다."

이렇게 말해야 합니다.

예수님이 우리 죄를 씻기 위해 이 땅에 오셨습니다. 세례 요한에게 안수를 받아 세상 죄를 짊어지셨고, 십자가를 지셨습니다. 예수님이 그 십자가의 길이 너무 고통스러웠는지 '할 수만 있다면 이 잔을 지나가게 해달라'고 기도하셨습니다. 예수님은 "그러나 나의 원대로 마옵시고 아버지의 원대로 하옵소서."라고 기도하셨고, 하나님은 예수님으로 하여금 십자가의 길을 가게 하셨습니다. 하나님은 세상 죄를 짊어진 예수님에게서 그 죄를 옮기지 않으셨고, 그 죄의 값을 치르게 하셨습니다.

예수님은 우리 죄를 지고 그 값을 치르셨습니다. 예수님의 죽음으로 박옥수 목사의 죄가 씻어졌습니다. 저뿐 아니라 오늘 이 자리에 앉은 여러분 모두의 죄가 씻어졌습니다. 여러분이 어떤 사람이든지, 얼마나 큰 죄를 지었든지, 도둑질을 했든 간음을 했든 살인을 했든 모든 죄가 예수님의 죽음으로 씻어졌습니다. 예수님이 우리 죄를 다 씻어 우리를 깨끗하게 하셨고, 하나님은 죄가 다 씻어진 우리를 보고 의롭다고 하셨습니다. 우리는 값 없이 '의롭다' 하심을 얻은 자가 되었습니다.

여러분이 성경을 다 알지는 못해도 예수님의 피로 우리 죄가 다 사해졌다는 말씀은 알아야 합니다.

존 아타 밀스 대통령이 자신은 죄인이라고 했습니다. 제가 물었습니다.

"각하가 죄인이라는 것을 어떻게 아셨습니까?"

"내가 죄를 지었으니 죄인 아닙니까?"

"그렇지 않습니다."

대통령께서 깜짝 놀라셨습니다.

"사람이 죄를 지으면 법정에서 재판관이 판결합니다. 그것처럼 우리 죄는 하나님이 판결하십니다."

저는 하나님께서 대통령의 죄에 대해 어떻게 판결하셨는지 가르쳐주고 싶었습니다.

"각하의 죄에 대한 하나님의 판결문을 읽어보신 적이 있습니까?"

대통령께서 다시 깜짝 놀라셨습니다.

"내 죄에 대한 하나님의 판결문이 있습니까?"

"예, 있습니다."

"그게 어디 있습니까?"

"성경에 있습니다. 보고 싶으십니까?"

"예, 보고 싶습니다."

제가 로마서 3장을 펴서 23절과 24절을 읽어 드렸습니다.

"모든 사람이 죄를 범하였으매 하나님의 영광에 이르지 못하더니, 그리스도 예수 안에 있는 구속으로 말미암아 하나님의 은혜로 값 없이 의롭다 하심을 얻은 자 되었느니라."(롬 3:23~24)

"하나님이 판결하시길, '존 아타 밀스 대통령은 죄를 지었다. 그래서 내 영광에 이를 수 없었다. 그런데 내 아들 예수의 죽음으로 죄가 다 씻어져서 의롭게 되었다.' 하셨습니다."

대통령께서 죄가 다 씻어져서 자신이 의롭게 되었다는 사실을 알고 정말 평안해하셨습니다. 생각해 보십시오. 죽음이 눈앞에 있는데 마음에 죄가 있으니 지옥에 갈 것 같은 두려움을 어떻게 해결하겠습니까? 그 두려움 속에 있다가 모든 죄를 씻어 의롭게 되었으니 얼마나 좋았겠습니까!

여러분도 오늘 의롭게 되었습니까? 하나님이 우리에게 하신 말씀을 마음에 받아들이면 "기쁘고, 기쁘고, 기쁘고, 기쁘다." 해도 모자랍니다. '내 죄가 다 씻어졌다. 하나님이 나를 보고 의롭다고 말씀하셨다. 성경에 그렇게 기록되어 있다.' 생각만 해도 감사합니다.

원래 의인은 없지만, 예수님의 피로 의인이 된 사람은 많다

저는 누구를 만나든지 예수님이 우리 죄를 씻었다는 복음을 전합니다. 제가 열아홉 살에 예수님의 피로 내 죄가 사해진 것을 안 뒤 오직 이 복음 전하는 일을 합니다. 하나님이 그것을 기뻐하셔서 저와 함께 계시면서 저를 돕습니다. 얼마 전에는 인도에 가서 10만 명이 모인 곳에서 죄 사함의 복음을 전했습니다. 브라질에서는 상파울루에 있는 대성당에서 복음을 전했습니다. 그곳 신부님이 저를 초청해서 성당에 온 사람들에게 예수님의 피로 우리 죄가 씻어진 말씀을 전했습니다. 제가 한국으로 돌아온 뒤 상파울루 대성당 신부님이 영상으로 편지를 보냈습니다. 다시 와서 말씀을 전해 달라고 했습니다.

어떤 사람은 이렇게 이야기합니다.

"성경에 의인은 없나니 하나도 없다고 했는데 의인이 어디 있어?"

성경에 의인이 하나도 없다는 이야기가 있습니다.

"기록한바 의인은 없나니 하나도 없으며"(롬 3:10)

이것이 로마서 3장 23절이 이야기하는 내용입니다. 모든 사람이 죄를 지어서 의인이 없었습니다. 그런데 24절에서 예수님의 피로 죄를 다 씻어 우리가 의롭게 되었습니다. 예수님의 구속으로 우리가 의인이 되었습니다. 원래부터 의인은 하나도 없습니다. 그런데 예수님의 피로 의인이 된 사람은 많습니다.

복음을 전하다 보면, 우리나라뿐 아니라 세계 어느 나라에서든지 사람들이 성경을 인간 차원으로 봅니다. 그래서 십계명을 잘 지키는 것이 신앙생활을 잘하는 것으로 알고 있습니다. 율법은 신앙생활의 중심이 아닙니다. 예수님을 믿는 것이 중심입니다. 율법을 지켜서 의롭게 되어야 하는 것이 아니라 예수님을 믿어서 의롭게 되어야 합니다. 율법을 지켜서 의롭게 될 수 있는 사람은 세상에 단 한 사람도 없습니다.

여러분은 의롭습니까? 죄를 안 지어서가 아니라 예수님을 믿음으로 의롭게 되었습니까? 히브리서 10장에서, 예수님이 영원한 제사를 드렸다고 했습니다. 예수님이 영원한 속죄를 이루어 우리가 거룩해졌으며, 영원히 온전하게 되었다고 했습니다.

"이 뜻을 좇아 예수 그리스도의 몸을 단번에 드리심으로 말미암아 우리가 거룩함을 얻었노라."(히 10:10)

"저가 한 제물로 거룩하게 된 자들을 영원히 온전케 하셨느니라."(히 10:14)

이 땅에서 드린 속죄제사와 예수님이 드린 속죄제사는 전혀 다릅니다. 예수님은 이 땅에서 속죄제사를 드리신 것이 아니라 하늘나라 성전에서 드리셨습니다. 하늘나라는 이 땅과 다릅니다. 하늘나라는 영원계永遠界이고, 이 땅은 시간계時間界입니다. 시간계인 이 땅에서는 시간이 흘러가기 때문에 과거가 있고, 현재가 있고, 미래가 있습니다. 이 땅에서는 지은 죄를 씻기 위해 속죄제사를 드리지, 미래에 짓는 죄를 씻는 속죄제사는 없습니다. 그래서 죄를 지을 때마다 속죄제사를 드려야 합니다. 반대로 영원계인 하늘나라에서는 시간이 흘러가지 않습니다. 과거도 미래도 없고, 영원합니다. 우리가 영원한 하늘나라에 가려면 이 몸으로는 갈 수 없기 때문에 바꿔 입어야 합니다. 죽음을 통과해 영원한 새 몸을 입고 하늘나라에 갑니다. 예수님이 하늘나라 성전에서 드린 속죄제사도 영원합니다.

"그리스도께서 장래 좋은 일의 대제사장으로 오사 손으로 짓지 아니한, 곧 이 창조에 속하지 아니한 더 크고 온전한 장막으로 말미암아 염소와 송아지의 피로 아니하고 오직 자기 피로 영원한 속죄를 이루사 단번에 성소에 들어가셨느니라."(히 9:11~12)

예수님이 영원한 속죄를 이루셨기 때문에 다시 속죄제사를 드려야 할 필요가 없습니다.

예수님은 다 이루셨다

만일 여러분이 죄인이라고 하면 예수님이 실패했다는 이야기밖에 안 됩니다. 예수님은 실패하시지 않았습니다. 예수님이 우리 죄를 위해 죽으셨기 때문에 우리 죄가 씻어진 것이 확실합니다. 예수님이 십자가에 못 박히셨을 때 제일 마지막에 "다 이루었다!" 하셨습니다. 하나님이 주신 사명을 다 이루었다는 말입니다. 하나님께서 예수님을 세상에 보내 인간의 죄를 다 씻으라고 하셨습니다. 예수님이 그 일을 다 이루셨습니다. 머리카락이 하얀 사람이나 새카만 사람이나, 키가 큰 사람이나 작은 사람이나, 나이가 많은 사람이나 젊은 사람이나, 잘난 사람이나 못난 사람이나 하나님이 예수님의 피로 죄를 다 씻어 주셨습니다. 이 사실을 마음에 받아들이면 하나님의 자녀가 됩니다. 그 사람은 하늘나라 사람입니다.

05

한 몸을
예비하셨도다

5장

∞

한 몸을
예비하셨도다

히브리서 10장 1절부터 14절까지 읽겠습니다.
"율법은 장차 오는 좋은 일의 그림자요 참 형상이 아니므로 해마다 늘 드리는바 같은 제사로는 나아오는 자들을 언제든지 온전케 할 수 없느니라. 그렇지 아니하면 섬기는 자들이 단번에 정결케 되어 다시 죄를 깨닫는 일이 없으리니 어찌 드리는 일을 그치지 아니하였으리요. 그러나 이 제사들은 해마다 죄를 생각하게 하는 것이 있나니 이는 황소와 염소의 피가 능히 죄를 없이 하지 못함이라. 그러므로 세상에 임하실 때에 가라사대 '하나님이 제사와 예물을 원치 아니하시고 오직 나를 위하여 한 몸을 예비하셨도다. 전체로 번제함과 속죄제는 기뻐하지 아니하시나니 이에 내가 말하기를, 하나님이여 보시옵소서. 두루마리 책에 나를 가리켜 기록한 것과 같이 하나님의 뜻을 행하러 왔나이다' 하시니라. 위에 말씀하시기를 제사와 예물과 전체로 번제함과 속죄제는 원치도 아니하고 기뻐하지도 아니하신다 하셨고(이는 다 율법을 따라 드리는 것이라) 그 후에 말씀하시기를 '보시옵소서, 내가 하나님의 뜻을 행하러 왔나이다' 하셨으니 그 첫 것을 폐하심은 둘째 것을 세우려 하심이니라. 이 뜻을 좇아 예수 그리스도의 몸을 단번에 드리심으로 말미암아 우리가 거룩함을 얻었노라. 제사장마다 매일 서서 섬기며 자주 같은 제사를 드리되 이 제사는 언제든지 죄를 없게 하지 못하거니와 오직 그리스도는 죄를 위하여 한 영원한 제사를 드리시고 하나님 우편에 앉으사 그 후에 자기 원수들로 자기 발등상이 되게 하실 때까지 기다리시나니 저가 한 제물로 거룩하게 된 자들을 영원히 온전케 하셨느니라."(히 10:1~14)

오늘날 많은 사람들이 교회에 다닙니다. 그들에게 왜 교회에 다니느냐고 물어보면 죄를 사함 받아 하늘나라에 가려고 다닌다고 대답합니다. 죄는 어떻게 사함 받느냐고 물으면 회개하면 된다고 대답합니다. 교회에 다니는 대부분의 사람들이 이렇게 말하는데, 정말 잘못 알고 있습니다. 회개하는 것이 죄를 사함 받는 과정일 수는 있지만, 지은 죄를 뉘우치고 하나님께 용서를 간구한다고 해서 죄가 사해지지는 않습니다. 거짓말하거나 도둑질하거나 간음하거나 살인하고 회개하면 죄가 사해집니까? 절대로 그렇지 않습니다. 죄는 그 대가를 치러야 처리됩니다.

하나님은 죄가 어떻게 사해지는지 분명히 가르쳐 주시려고 구약성경 레위기에서 속죄제사를 어떻게 드리는지 정확히 말씀하셨습니다. 죄를 지은 사람이 속죄 제물인 양이나 염소를 끌고 성막으로 가서 제사를 드려야 죄 사함을 받았습니다. 그것은 그림자였고, 예수님이 인류의 죄를 영원히 씻는 것이 참 형상이었습니다.

하나님은 인간을 창조하실 때 남자와 여자로 짝을 지어 만드셨습니다. 나이가 들면 남자는 여자를, 여자는 남자를 사랑하는 마음이 일어나 말하지 않아도 결혼해서 아이를 낳고 행복하게 살도록 하셨습니다. 성경 말씀도 짝이 있습니다.

"너희는 여호와의 책을 자세히 읽어보라. 이것들이 하나도 빠진 것이 없고 하나도 그 짝이 없는 것이 없으리니 이는 여호와의 입이 이를 명하셨고 그의 신이 이것들을 모으셨음이라."(사 34:16)

그렇기 때문에 성경을 한쪽만 보면 이해가 안 가는 내용이 많습니다. 그 짝을 찾아서 읽으면 성경이 정확히 맞아 들어갑니다. 구약 성경 레위기에 기록된 속죄제사도 예수님이 우리 죄를 짊어지고 십자가에 못 박혀 죽으신 것과 연결될 때 정확히 이해가 됩니다.

오직 나를 위하여 한 몸을 예비하셨도다

저는 어릴 때부터 교회를 다녔지만 나이가 들면서 배가 고픈 시절이라 도둑질을 많이 했습니다. 한번은 남의 참외밭에 들어가 참외를 따다가 주인에게 들켜 도망을 갔습니다. 그런데 뒤에서 참외밭 주인이 우리 아버지 함자를 말하며 "저놈의 자식, 아무개 자식 아냐?" 하는데, 죽었다 싶었습니다.

다음날 그 어른이 우리 아버지와 술을 마시면서 "자네 아들이 우리 참외밭을 다 밟아놓았어."라고 하셨습니다. 참외 한두 개 따먹는 것은 큰일이 아니지만, 참외 줄기를 밟으면 그 줄기에서는 더이상 참외를 수확할 수 없기 때문에 농부에게는 손해가 큽니다. 사실 저는 참외 서리를 해도 착하게 했습니다. 순을 밟지 않으려고 조심하고, 친구들은 참외를 무조건 따서 먹어 보고 익지 않았으면 버렸지만 저는 냄새를 맡아서 익은 것 한두 개만 따서 나왔습니다. 제가 교회에 다녔기 때문에 도둑질을 했지만 착한 도둑이었습니다. 그런데 그 어른이 아버지에게 제가 참외 줄기들을 밟아서 참외밭을 망쳐놓았다고 하셨습니다. 아버지가 집에 돌아와 저에게 말씀하셨습니다.

"나는 너 때문에 창피해서 이 동네에서 못 살겠다."

우리가 살면서 죄인 줄 모르고 죄를 지을 때도 있고 죄인 줄 알고 지을 때도 있습니다. 사람은 크든 작든 다 죄를 지은 적이 있어서 모두 죄의 짐을 지고 있습니다. 다 같은 죄인끼리 살면 문제가 안 됩니다. 문제는 인간이 거룩하신 하나님 앞에 설 때입니다. 죄를 지은 사람은 하나님 앞에 설 수 없습니다. 하나님 앞에 서려면 죄를 다 씻어야 합니다.

어떻게 하면 죄가 씻어지는지 성경에 자세히 기록되어 있습니다. 그런데 오늘날 교회에 다니는 수많은 사람들이 성경을 잘 몰라서 그냥 "하나님, 죄를 지었습니다. 용서해 주십시오."라고 합니다. 그렇게 아무리 기도해도 죄가 씻어지지 않는데도 계속 그렇게 합니다.

오늘 읽은 히브리서 10장은 우리 죄가 씻어진 것을 아주 정확히 이야기한 성경 가운데 하나입니다. 1절부터 이야기를 해보겠습니다.

"율법은 장차 오는 좋은 일의 그림자요 참 형상이 아니므로 해마다

늘 드리는바 같은 제사로는 나아오는 자들을 언제든지 온전케 할 수 없느니라."(히 10:1)

여기서 '율법'은 제사를 드리는 규례를 말합니다. 구약 성경 레위기에 기록된 속죄제사의 규례를 보면, 사람이 죄를 지으면 양이나 염소를 끌고 성막으로 가서 그 머리에 안수했습니다. 안수는 죄를 넘기는 과정입니다. 죄가 속죄 제물의 머리로 넘어갔기 때문에 이제 양이나 염소를 죽여서 죄의 값인 사망을 치릅니다. 그러면 죄가 사해졌습니다. 그런데 이렇게 속죄제사를 드리는 것은 진짜 속죄제사가 아니라 그림자였습니다.

"그러나 이 제사들은 해마다 죄를 생각하게 하는 것이 있나니 이는 황소와 염소의 피가 능히 죄를 없이 하지 못함이라."(히 10:2~3)

소를 잡고 양을 잡고 염소를 잡아 제사를 드려도 죄에서 온전히 벗어나지 못한다고 했습니다.

사람이 지은 죄를 씻으려면 사람이 대신 죽어야 합니다. 그것도 흠 없는 양처럼 죄가 없는 사람이 죽어야 합니다. 그런데 인간 중에는 죄가 없는 사람이 아무도 없습니다. 죄를 씻으려면 죄가 없는 사람이 필요합니다.

"그러므로 세상에 임하실 때에 가라사대, 하나님이 제사와 예물을 원치 아니하시고 오직 나를 위하여 한 몸을 예비하셨도다."(히 10:5)

이 구절에 나오는 '세상에 임하실 때'는 예수님이 세상에 임하실 때를 가리킵니다. 예수님이 세상에 임하실 때 하나님이 한 몸을 예비하셨다고 했습니다. 예수님이 인간의 몸을 입고 세상에 오신 것입니다. 인간의 죄를 사하기 위해서는 사람이 죽어야 하기 때문입니다. 하나님이 양이나 소를 잡아 제사 드리는 것을 원하시지 않고 예수님의 몸을 예비하셨습니다. 하나님은 이 세상 모든 사람의 죄를 사하기 위해 예수님을 이 땅에 오게 하셨습니다. 예수님이 동정녀 마리아를 통해 인간의 몸을 입고 세상에 오셨습니다. 여러분, 한번 따라해 보십시오.

"오직 나를 위하여 한 몸을 예비하셨도다."

원래 몸이 없는 하나님인 예수님이 인간의 몸을 입고 세상에 오셨습니다. 여러분은 영화나 그림에 등장하는 예수님을 보신 적이 있지요? 우리처럼 눈도 두 개, 귀도 두 개, 코도 하나, 입도 하나입니다. 예수님은 우리와 똑같은 인간의 몸을 입고 계셨습니다. 그 몸 안에 하나님의 아들이 계셨습니다. 예수님은 죄가 없는 하나님의 아들이셨고, 인간의 몸을 입은 사람이었습니다. 그 예수님이 인간을 위해 죽으시면 우리 죄가 사해질 수 있습니다.

예수님은 인간의 몸을 입고 이 세상에서 33년을 사셨습니다. 세상에 사시는 동안 예수님은 죄를 짓지 않으셨습니다. 세상에 살았던 인간 가운데 죄가 없는 분은 예수님밖에 없습니다. 우리 죄를 씻기 위해 죽어주실 수 있는 유일한 분입니다. 예수님은 이 땅에 계시면서 항상 십자가에 못 박혀 죽으실 때를 생각하셨습니다. 예수님만 우리 대신 죽어주실 수 있고, 인간은 예수님의 죽음으로 죄를 사함 받을 수 있습니다.

하나님의 뜻을 행하러 왔나이다

"전체로 번제함과 속죄제는 기뻐하지 아니하시나니 이에 내가 말하기를 '하나님이여 보시옵소서. 두루마리 책에 나를 가리켜 기록한 것과

같이 하나님의 뜻을 행하러 왔나이다' 하시니라."(히 10:6~7)

하나님이 번제나 속죄제를 기뻐하시지 않는다고 했습니다. 그것은 참 형상이 아니라 그림자이기 때문입니다. 이에 예수님이 말씀하시길, "두루마리 책에 나를 가리켜 기록한 것과 같이 하나님의 뜻을 행하러 왔나이다." 하셨습니다. 두루마리 책은 성경을 가리킵니다. 예수님이 세상에 계실 때에는 신약 성경이 없었기 때문에 이 성경은 구약 성경입니다. 구약 성경에 예수님에 관해 기록되어 있습니다. 속죄제사를 드려서 죄를 사함 받는 것이 바로 예수님 이야기입니다. 예수님이 우리 죄를 씻는 일을 나타내기 위해 하나님이 그 그림자로 속죄제사를 드리게 하셨습니다.

예수님은 "하나님의 뜻을 행하러 왔나이다." 하셨습니다. 하나님의 뜻은 예수님의 죽음으로 인간의 죄가 씻어지는 것입니다. 예수님이 십자가에 못 박혀 죽으실 때 마지막으로 하신 말씀이 무엇이었습니까? "다 이루었다!"였습니다. 다 같이 따라해 보십시오.

"다 이루었다!"

무엇을 다 이루셨습니까? 예수님이 하나님께 받은 사명을 다 이루셨습니다. 그 사명이 무엇이었습니까? 인간의 죄를 씻어서 인간을 의롭게 만드는 것이었습니다. 그 일을 이루기 위해 사람이 되어 세상에 오셨고, 아무 죄도 짓지 않으셨는데 우리 죄를 짊어지고 십자가에 못 박히셨으며, 마지막에 "다 이루었다!" 하고 숨을 거두셨습니다. 인간이 지은 죄로 인해 받아야 할 형벌을 예수님이 대신 다 받으셨습니다. 그렇기 때문에 우리가 받아야 할 벌이 남아 있지 않습니다. 우리는 더이상 죄인이 아닙니다.

"위에 말씀하시기를 제사와 예물과 전체로 번제함과 속죄제는 원치도 아니하고 기뻐하지도 아니하신다 하셨고(이는 다 율법을 따라 드리는 것이라) 그 후에 말씀하시기를 '보시옵소서, 내가 하나님의 뜻을 행하러 왔나이다' 하셨으니 그 첫 것을 폐하심은 둘째 것을 세우려 하심이니라."(히 10:8~9)

하나님은 율법을 따라 드리는 번제와 속죄제를 원하시지도 않고 기뻐하시지도 않는다고 했습니다. 그것은 그림자이기 때문입니다. 그 후에 예수님이 하나님의 뜻을 행하러 세상에 오셨습니다. 율법을 따라 드린 번제나 속죄제를 폐하신 것은, 예수님의 죽으심으로 죄를 씻는 둘째 것을 세우기 위함입니다.

"이 뜻을 좇아 예수 그리스도의 몸을 단번에 드리심으로 말미암아 우리가 거룩함을 얻었노라."(히 10:10)

예수님이 하나님의 뜻을 따라 그 몸을 드리심으로 말미암아 우리가 거룩함을 얻었습니다. 예수님이 십자가에 못 박혀 우리 죄가 다 씻어져서 우리가 거룩해졌습니다.

내가 아빠니까 내가 택시비를 다 내야지

제 아들이 미국에서 목회를 하고 있습니다. 아들이 초등학교에 다닐 때 우리가 대구에서 살았습니다. 한번은 우리 가족이 어느 곳으로 가기 위해 동대구역까지 택시를 탔습니다. 택시를 타고 가다가 제가 택시 기사에게 물었습니다.

"기사님, 여기서 동대구역까지 가면 택시비가 얼마쯤 나옵니까?"

"천 원쯤 나옵니다."

그 이야기를 듣고 제가 아들에게 말했습니다.

"택시비가 천 원이 나오면 아빠가 250원 내고, 엄마는 아빠 아내니까 아빠가 대신 내주고, 누나인 은숙이가 250원을 내고, 영국이가 250원을 내면 딱 맞겠네."

그러자 아들이 말했습니다.

"아빠가 내야 돼요."

"네가 차를 타는데 왜 아빠가 내?"

"아빠는 우리 아빠잖아요."

그 말에 제가 아들에게 졌습니다.

"네 말이 맞다. 내가 아빠니까 내가 택시비를 다 내야지."

그래서 제가 택시비 천 원을 다 냈습니다. 제가 택시비를 냈지만 제 아들도 택시를 탔으니까 택시비를 내야 합니까? 제 딸도 내야 하고, 제 아내도 내야 합니까? 택시 기사가 제 아내를 보고 택시비를 달라고 합니까?

"아주머니, 택시비를 내야죠."

"아니, 무슨 말씀을 그렇게 하세요? 방금 받으셨잖아요."

"그건 남편 분에게 받았지, 아주머니한테는 안 받았잖아요."

"우리 남편한테서 다 받았잖아요."

택시 기사가 저에게 택시비를 다 받았습니다. 그러니 더 받을 이유가 없습니다. 제 아내가 택시비를 내야 할 필요도 없습니다. 제 아들도 택시비를 내야 할 필요가 없습니다.

그와 똑같습니다. 예수님이 우리 대신 우리가 지은 죄의 벌을 다 받으셨습니다. 그러면 우리가 또 벌을 받아야 합니까? 그렇지 않습니다. 예수님이 벌을 다 받으셨으면 우리는 벌을 받아야 할 필요가 없습니다. 택시 기사가 저에게 택시비를 다 받았으면 다른 사람에게는 택시비를 요구하지도 않는 것처럼, 예수님이 죄의 벌을 다 받으셨기 때문에 하나님은 우리에게 죄의 값을 요구하시지도 않습니다.

여러분이 거짓말도 하고 도둑질도 하고 미워하기도 하고 갖가지 죄를 지었을 것입니다. 그 모든 죄의 삯은 사망입니다. 사망을 당해야 죄가 해결됩니다. 그런데 사람이 얼마나 많은 죄를 지었든지 한 번 사형을 당하면 그것으로 끝입니다. 죄를 아주 많이 지었고 죽은 사람을 다시 살려내서 또 죽이고, 또 살려내서 죽이고 하지 않습니다. 천 가지 죄든지 만 가지 죄든지 죄를 지은 사람이 죽으면 그것으로 끝입니다.

예수님이 우리 죄를 위해 죽으셨습니다. 그것으로 죄가 끝이 났습니다. 천 명이 죄를 지었든지 만 명이 죄를 지었든지 일억 명이 죄를 지었든지, 예수님의 죽음으로 모든 사람의 죄가 다 씻어졌습니다. 그렇다면 여러분은 죄인입니까? 아니지요? 예수님이 우리 죄를 위해 죽으셨는데 우리가 왜 죄인입니까? 예수님이 우리 죄의 값을 다 지불하셨는데 우리가 왜 또 죄의 값을 지불해야 합니까?

슬프게도, 오늘날 한국의 많은 기독교인들은 자신이 죄인이라고 합니다. 매일 죄를 용서해 달라고 기도합니다. 예수님이 십자가에 못 박혀 죽으셨지만 자신의 죄는 씻어지지 않았다는 것입니다. 그렇지 않습니다. 예수님이 십자가에 못 박히셨을 때 우리 죄가 다 사해졌습니다. 영원히! 이것을 믿는 것이 예수님을 믿는 것입니다.

예수님은 우리 죄를 사하기 위해 이 땅에 오셨습니다. 그렇기 때문에 만일 예수님이 십자가에 못 박혀 죽으셔서 우리 죄를 사하지 못했다면 예수님은 하나님의 아들이 아닙니다. 그냥 인간일 뿐입니다. 예수님은 하나님의 아들이십니다. 세상 죄를 짊어지고 십자가에 못 박혀 죽어 우리 모든 죄를 눈처럼 희게 씻으셨습니다. 성경에 분명히 그렇게 기록되어 있습니다. 그렇게 하신 하나님이 말할 수 없이 감사합니다.

오직 그리스도는 죄를 위하여 한 영원한 제사를 드리시고
저는 1962년 10월 7일을 잊지 않습니다. 예수님의 피로 내 죄가 다 씻어졌다는 사실이 내 마음에 처음으로 자리 잡은 날입니다. 그날부터 하나님이 저와 항상 함께하시는 것을 볼 수 있었습니다. 하나님 앞에 한없이 감사합니다.

세상에 태어나서 죄를 짓지 않은 사람은 하나도 없습니다. 모든 사람이 죄를 지었습니다. 그 죄를 씻기 위해 하나님이 한 몸을 예비하셨습니다. 예수님이 입으신 몸입니다. 예수님은 우리 대신 죽어 주시기 위해 인간의 몸을 입고 세상에 오셨습니다. 그 뜻을 이루기 위해 세상 죄를 짊어지셨고, 십자가에 못 박혀 죽으셨습니다. 예수님은 죄를 짓지 않았고 죄가 없었지만 사형을 당하셨습니다. 인류의 죄를 짊어지고 그 죄 값을 치르신 것입니다.

우리 가족이 동대구역까지 택시를 타고 갈 때, 제가 택시비를 냈기 때문에 제 아들은 택시비를 내야 할 필요가 없습니다. 예수님이 우리 죄의 벌을 다 받으셨기 때문에 우리가 받아야 할 벌이 없습니다.

그런데 오늘날 교회에 다니는 얼마나 많은 사람들이 죄인이라고 하며 자신이 지은 죄를 씻기 위해 애쓰고 있습니까? 예수님이 죄 값을 다 치르지 못해 자신이 치러야 한다는 것입니까?

예수님의 죽음으로 우리 죄가 다 사해졌습니다.

"모든 사람이 죄를 범하였으매 하나님의 영광에 이르지 못하더니, 그리스도 예수 안에 있는 구속으로 말미암아 하나님의 은혜로 값 없이 의롭다 하심을 얻은 자 되었느니라."(롬 3:23~24)

그리스도 예수 안에 있는 구속으로 우리가 의롭게 되었습니다. 예수님이 우리 죄 값을 다 치르셔서 우리 죄가 끝났습니다. 히브리서 10장이 이 사실을 자세히 이야기하고 있습니다.

"이 뜻을 좇아 예수 그리스도의 몸을 단번에 드리심으로 말미암아 우리가 거룩함을 얻었노라."(히 10:10)

예수님이 하나님의 뜻을 따라 십자가에 못 박혀 죽으심으로 말미암아 우리가 거룩해졌습니다.

"제사장마다 매일 서서 섬기며 자주 같은 제사를 드리되 이 제사는 언제든지 죄를 없게 하지 못하거니와 오직 그리스도는 죄를 위하여 한 영원한 제사를 드리시고 하나님 우편에 앉으사"(히 10:11~12)

구약 시대에는 제사장들이 매일 서서 섬기며 자주 같은 제사를 드려야 했습니다. 그것은 구약 시대의 제사는 모든 죄가 영원히 씻어지는 제사가 아니었기 때문에 사람들이 죄를 지을 때마다 제사를 드려야 했습니다. 예수님은 영원한 제사를 드리셨습니다. 이제 예수님은 더 제사 드릴 일이 없기 때문에 서 계시는 것이 아니라 하나님 우편에 앉아 계십니다.

"저가 한 제물로 거룩하게 된 자들을 영원히 온전케 하셨느니라."
(히 10:14)

예수님이 십자가에 못 박혀 죽으심으로 우리를 거룩하게 하셨고, 거룩하게 된 우리를 영원히 온전케 하셨습니다.

20년을 술에 빠져 살다가 하루 만에 벗어난 사람

몇 년 전, 한국에서 그라시아스합창단이 크리스마스 칸타타 순회공연을 할 때였습니다. 하루는 진주에서 공연이 있어서 저도 성탄 메시지를 전하기 위해 함께 갔습니다. 그날 저녁 공연을 마치고 저는 기쁜소식진주교회에서 잠을 자기로 했습니다.

크리스마스 칸타타 순회공연이 있기 전에 합천에 사는 어떤 분이 저에게 전화를 했습니다.

"목사님, 합천 교회에 한번 오십시오."

"예, 갈게요.

그 후에도 그분이 다시 전화를 했습니다.

"목사님, 합천 교회에 꼭 한번 들러주십시오."

"예, 갈게요."

진주에 가서 그 일이 생각났습니다. 요즘은 국도가 잘 닦여 있어서 진주에서 합천까지 가는 데 시간이 많이 걸리지 않습니다. 제가 합천 교회에 연락해서 그날 밤에 들르겠다고 했습니다.

칸타타 공연을 마치고 어느 정도 정리한 뒤 출발해서 합천에 도착하니 12시 가까이 되었습니다. 늦은 밤이었지만, 제가 왔다고 교회 형제 자매들이 예배당에 많이 모여 있었습니다. 그 밤에 형제 자매들에게 성경 말씀을 전했습니다. 제가 이야기를 마치자 한 부인이 말했습니다.

"목사님, 저는 남편과 도저히 못 살겠어요."

"왜 그래요?"

이 부인이 남편과 살면서 겪는 어려움을 이야기했습니다. 결혼한 지 23년이 된 부인이었습니다. 결혼할 때는 남편이 괜찮았지만, 3년이 지나면서 술을 마시기 시작해 이제는 매일 소주만 마시며 산다고 했습니다. 아내가 직장에 갔다가 돌아오면 술병이 마루에도 있고, 거실에도 있고, 안방에도 있고…. 술병을 치우는 것이 너무 고통스럽다고 했습니다.

"목사님, 이제는 누가 뭐라고 해도 이 남자와는 더 못 살겠어요."

이야기를 다 듣고 제가 그 부인에게 말했습니다.

"자매님, 내일 새벽에 남편을 데려오세요."

다음날 새벽기도회 모임에 남편이 아내와 함께 왔습니다. 남편 되는 분 입에서 술냄새가 풀풀 풍겼습니다. 잠에서 깨면 제일 먼저 술을 사발에 부어 한 사발 마시고 하루를 시작하는데, 그날도 술을 한 사발 마시고 와서 술냄새가 풍겨 났습니다. 제가 그 남편과 이야기를 했습니다.

"당신은 온전합니까?"

"안 온전합니다."

제가 히브리서 10장 14절 말씀을 읽어 주었습니다.

"저가 한 제물로 거룩하게 된 자들을 영원히 온전케 하셨느니라."
(히 10:14)

"성경은 뭐라고 이야기하느냐면, 예수님이 그 몸을 제물로 드려 십자가에 못 박혀 죽으심으로 말미암아 우리가 거룩하게 되었고, 거룩하게 된 자들을 영원히 온전케 하셨다고 했어요. 이 이야기 속에 당신도 들어 있어요."

제가 히브리서 10장 14절 말씀을 설명해준 후 다시 물었습니다.

"당신이 온전합니까?"

"안 온전합니다."

알코올 중독자가 온전하다고 말하겠습니까? 제가 히브리서 10장 14절을 다시 읽어 보라고 했습니다. 그리고 물었습니다.

"그런데 성경은 뭐라고 말해요?"

"예수님이 온전하게 했다고 말합니다."

"그럼 당신이 온전합니까?"

"안 온전합니다."

"성경 말씀이 옳아요, 당신 생각이 옳아요?"

"성경이 옳습니다."

"그럼 당신이 온전하지요?"

그렇게 물으니까 하는 수 없이 대답했습니다.

"예, 온전합니다."

이야기를 마치고 남편 분이 집으로 돌아갔습니다. 그리고 다음날 아침에 일어나 냉장고 문을 열고 소주병을 꺼냈습니다. 그런데 술을 마시고 싶은 마음이 일어나지 않았습니다. 그래서 그냥 닫았습니다. 그날부터 술이 끊어졌습니다.

예수님이 십자가에 못 박혀 죽어 우리를 거룩하게 하시고 온전하게 하셨습니다. 20년을 술에 빠져 살았던 사람도 거룩하고 온전하게 하셨습니다. 그 사람이 이 사실을 마음에 받아들인 순간 새 사람이 되었습니다. 그의 마음 안에서 하나님이 살아 역사하셔서 새로운 삶이 시작되었습니다.

제가 남편 분에게 우리 선교회에서 운영하는 신학교에 들어오라고 했습니다. 20년 동안 술만 먹고 살던 사람이 어떻게 복음 전도자가 될 수 있느냐는 생각도 들었겠지만, 하나님이 자신에게 역사하시는 것을 보았기 때문에 신학교에 입학했습니다. 지금은 목사가 되어서, 작은 교회지만 부부가 그곳에서 복음을 전하며 정말 행복하게 살고 있습니다.

이 사람이 각오하고 결심해서 변한 것이 아닙니다. 예수님이 이루신 일을, 그 일을 기록한 하나님의 말씀을 마음에 받아들이면 하나님이 우리 속에 일하십니다. 그러면 변하지 않으려고 해도 변할 수밖에 없습니다. 저는 이런 이야기를 밤새도록 해도 다 못 합니다. 예수님을 믿고 변화된 사람이 정말 많습니다.

밤새 책을 읽다가 예수님의 피로 죄가 씻어진 것을 알았다

한 사람 이야기만 더 하겠습니다. 얼마 전에 <크게 될 놈>이라는 영화가 상영되었습니다. 실존 인물의 이야기를 영화로 만든 것으로, 그 주인공이 '김기성'입니다. 지금은 우리 교회 목사님이 되었습니다.

이 사람이 살인 사건에 연루되어 15년 형을 선고받고 복역했습니다. 교도소에서 지내는 동안 여러 번 교도관을 인질로 잡고 난동을 부려서 자기에게 간섭하는 사람이 아무도 없었다고 합니다. 처음 교도관을 인질로 잡을 때는, 철심을 오랫동안 갈아 날카로운 칼을 만들어서 주머니에 넣은 뒤 복도를 지나가다가 자기를 괴롭힌 교도관에게 다가가서 어깨동무를 하며 목에 칼을 대었습니다. 교도관이 새파랗게 질렸습니다.

"왜 그래?"

"뭐가 왜 그래야? 나는 이 세상이 싫어. 그래서 다음 세상으로 가고 싶어. 그런데 혼자 가는 게 심심하니까 같이 가자고."

발발 떠는 교도관을 끌고 감방으로 들어가 소리를 질렀습니다.

"교도소장 오라고 해! 법무부 장관 오라고 해!"

교도소가 발칵 뒤집혔습니다. 새벽까지 대치하다 서른 명이 넘는 교도관들이 재소자들을 훈육할 때 쓰는 커다란 목봉을 어깨에 메고 두 사람이 있는 감방의 뒷벽을 힘껏 쳤습니다. 벽이 무너지면서 두 사람이 깔려 다치긴 했지만 심한 정도는 아니었습니다. 그 일이 있은 뒤로는 누구도 이 사람을 건드리지 않았습니다.

김기성이 오랫동안 독방에서 지내다가 일반 방으로 옮겼을 때, 그 방에 살인죄로 사형을 선고받은 사람이 있었습니다. 그가 볼 때 그 재소자는 보통 사람과 달랐습니다. 자신은 화가 치밀고 모든 것이 불편한데 그 사람은 평안해 보였습니다. 하루는 김기성이 그에게 물었습니다.

"형은 이곳에서 어떻게 마음이 그렇게 평안할 수 있어요?"

"내 죄가 다 씻어져서 그래."

"죄가 어떻게 씻어지는데요?"

"예수님이 십자가에서 내 죄를 다 씻어 주셨어."

누구도 겁내지 않던 김기성이 그 이야기를 듣고 충격을 받았습니다. 한 번씩 자신의 죄로 피해를 입은 사람의 가족이 떠오르면 너무 괴로웠습니다. 혼자 있을 때면 '이 죄를 벗고 싶다'는 생각이 들었지만, 해결할 길이 없으니까 "나는 남자야! 남자가 한 번 죽지 두 번 죽어?" 하면서 거칠게 살았습니다. 그런데 죄가 씻어졌다는 이야기를 듣고 갑자기 '나도 죄를 씻고 싶다. 이렇게 사는 것도 지긋지긋하다.'는 마음이 저 밑에서부터 올라왔습니다.

그렇지만 진지하게 묻는 것이 어색해서 지나가는 말처럼 "죄를 어떻게 씻는데요?" 하고 물었습니다. 그가 설명하는데 교회를 다닌 적이 없어서 알 듯 알 듯 하면서도 이해가 되지 않았습니다.

"다시 한 번 이야기해줘 봐요."

다시 들어도 이해가 되지 않았습니다. 그 사람이 아무리 이야기해도 안 되니까 책을 한 권 주었습니다. 제가 쓴 '죄 사함 거듭남의 비밀'이었습니다.

저녁을 먹은 뒤 그 책을 읽기 시작했습니다. '이 책 안에서 구원의 길을 찾을 수 있다는 거지?' 하며 한 장 한 장 읽어 내려갔습니다. 밤이 되어 다른 사람은 잠이 들었지만 화장실에 켜져 있는 등불 아래서 계속 책을 읽었습니다. 한참 읽다가 이해가 가지 않는 대목이 있었습니다. '이게 무슨 말이지?' 아무리 생각해도 이해가 안 되었습니다. '어떻게 할까?' 고민하다가 그냥 넘어갈 수 없어서 자고 있던 그 재소자를 흔들어 깨웠습니다. 눈을 비비고 일어나는 그에게 낮은 목소리로 물었습니다.

"형, 이게 무슨 말입니까?"

이해하지 못하는 부분을 그가 설명해 주었습니다.

"아, 그런 말이군요. 고맙습니다."

화장실로 돌아가 다시 책을 읽었습니다. 중간에 또 이해가 가지 않는 대목이 있어서, 정말 미안했지만 또 깨워서 묻지 않을 수 없었습니다.

시간이 얼마나 흘렀는지도 모른 채 책 속에 빠져들었습니다. 책장을 넘길수록 마음에서 '아, 그렇구나!'라는 소리가 계속 터져나왔습니다. 그리고 새벽 무렵 드디어 자신의 죄가 예수님의 피로 씻어진 것을 알았습니다.

'아, 예수님이 내 죄를 씻기 위해 십자가에 못 박히셨고, 그 일을 다 이루셨구나! 내 죄가 다 씻어졌구나!'

미친 사람처럼 혼자 웃었다 울었다 했습니다.

제가 교도소에서 나가면 저를 받아 주시겠습니까?

이 사람이 죄 사함을 받고 교도소에서 기쁘게 지내다가 출소 3개월을 앞두고 아버지에게 편지를 썼습니다.

"아버지, 저 몇월 몇일에 교도소에서 나갑니다. 그날 집에 가서 뵙겠습니다."

친구들에게도 그때 만나자고 편지를 썼습니다. 그런데 출소를 앞두고 생각이 깊어졌습니다. 교도소에 있는 사람들이 "나 손 씻었다. 다시는 여기 오지 않는다." 하고 나가는데, 대부분 다시 죄를 짓고 돌아오는 것을 수없이 보았습니다. 이 사람이 볼 때 교도소에서 제일 착한 사람이 세 사람 있었습니다. 기독교 지도자, 가톨릭 지도자, 불교

지도자. 그들은 다른 재소자들을 위해 희생적으로 살아 천사처럼 보였습니다. 그런데 그들도 출소하면 다시 죄를 짓고 들어왔습니다.

자기도 교도소에서 나가면 그렇게 될 것 같았습니다. 출소하면 어떤 일이 벌어질지 마음으로 그려 보았습니다. 아버지를 뵙고 큰절을 올리고, 친구들과 만나서 술 한 잔 하고, 그렇게 친구들과 어울리다 보면 교도소로 돌아올 것 같았습니다. 지긋지긋한 교도소에 그만 오고 싶지만 평생을 교도소에서 보낼 것 같았습니다.

'교도소에 다시 들어오지 않으려면 어떻게 해야 하지?' 아무리 생각해도 자신의 힘으로는 불가능하다는 사실을 알았습니다. 누군가의 도움을 받고 싶었지만 오랜 세월을 교도소에서 지내 도움을 청할 사람도 없었습니다. 그때 자신이 읽었던 '죄 사함 거듭남의 비밀' 책의 저자가 생각나, 책에 적혀 있는 우리 교회 주소로 편지를 보냈습니다.

"목사님, 저는 교도소에서 16년을 지냈습니다. 이제 곧 교도소에서 나가는데 나가면 다시 들어올 것 같습니다. 그래서 목사님의 도움을 받고 싶습니다. 제가 교도소에서 나가면 목사님이 저를 받아 주시겠습니까?"

제가 오라고 했습니다. 그 사람이 출소해서 곧장 우리 교회로 왔습니다. 교회에 빈방이 있어서 거기서 지내게 했습니다. 이 사람이 우리 교회에 1년을 있었는데, 스스로 매일 교회 화장실을 청소하고 쓰레기 치우는 일들을 하면서 정말 행복해했습니다.

'출소한 지 한 달이 지났는데 내가 아직 교도소에 가지 않았다.'

'출소한 지 석 달째인데 아직도 교도소에 가지 않았어.'

1년이 지났을 때 제가 우리 선교회에서 운영하는 신학교에 들어오라고 했습니다. 신학교를 마치고 목회자가 되었습니다. 예쁜 아가씨와 결혼도 했습니다.

이분이 재소자들을 위해 일하고 있습니다. 국내 재소자들을 위해 교도소마다 찾아다니며 강연을 하고, 지금은 전 세계의 재소자들을 위해 일하고 있습니다. 한번은 케냐에 있는 어느 교도소 안에 신학교를 세웠습니다. 재소자들이 그 신학교에 입학해 공부하면서 죄 사함을 받아 변하기 시작했습니다. 어느덧 신학교 졸업생도 배출했습니다. 졸업생 가운데에는 평생을 교도소에서 지내야 하는 무기수도 있어서 그들 가운데 몇 사람을 안수해서 목사로 세웠습니다. 이제는 그분들이 교도소에서 재소자들에게 전도하고 있습니다. 무기수 목사니까 신참들이 말씀을 듣고 변화가 일어나고 있습니다. 그 일이 알려져 케냐의 많은 교도소에서도 신학교를 세웠습니다.

이웃한 탄자니아에서도 교도소 안에 신학교를 세우기 시작했습니다. 케냐에서 신학교를 세운 뒤 교도소 분위기가 완전히 달라졌기 때문입니다. 교도소 신학교에서 공부하고 출소한 사람들은 대부분 출소한 뒤 밝게 살았습니다. 그런 변화를 케냐 신문에서 크게 보도했습니다. 그 후로 아프리카의 여러 나라에서 이분을 초청해서 재소자들을 위한 교육을 부탁하고, 교도소에 신학교를 세우고 있습니다.

김기성 목사님은 정말 훌륭한 목회자가 되었습니다. 하나님이 그 속에 살아 일하셔서 옛날과 완전히 다른 삶을 살고 있습니다. 그가 한 일은 하나님의 말씀을 받아들인 것밖에 없습니다. 그 후 하나님이 그를 붙들어서 놀라운 일들을 이루고 계십니다.

예수님이 우리 죄를 씻었고, 하나님이 우리를 의롭다고 하셨다

제가 사람을 변화시키려고 하면 정말 어렵습니다. 김기성 목사 같은 사람은 변화시킬 수가 없습니다. 그런데 저는 너무 편합니다. 제가 변화시키는 것이 아니라 하나님이 변화시키시기 때문입니다. 하나님의 말씀을 마음에 받아들이면 그때부터 하나님이 그 마음에 역사하십니다.

예수님이 우리 죄를 씻었고, 하나님이 우리를 의롭다고 하셨습니다. 하나님이 의롭다고 하시면 우리도 의롭다고 해야 합니다. 하나님 말씀이 맞습니까, 우리 말이 맞습니까? 하나님 말씀이 맞습니다. 여러분이 하나님의 말씀을 마음에 받아들여서 하나님과 한마음이 되면 무슨 일을 하든지 하나님이 돕고 지키고 역사하십니다.

시간이 많이 가서 이야기를 마무리하겠습니다. 중요한 사실은, 예수님이 십자가에 못 박혀 죽어 우리 죄를 사하셨습니다. 그것은 틀림없는 사실입니다. 그런데 여러분이 죄인이라고 하면 예수님이 얼마나 속이 상하시겠습니까? 우리는 죄인이 아닙니다. 죄인이라고 하는 것은 예수님을 경멸하는 것입니다.

여러분은 죄인입니까, 아니면 의인입니까? 예, 하나님이 의롭다고 하셨으면 우리가 의로운 것이 맞습니다. 이렇게 믿으면 하나님이 여러분을 평생 도우십니다. 이 세상을 떠날 때 영광스러운 하늘나라로 인도하십니다.

06

내가 그들의 죄악을 사하고

6장

∞

내가 그들의
죄악을 사하고

히브리서 9장 11절 말씀부터 읽겠습니다.
"그리스도께서 장래 좋은 일의 대제사장으로 오사 손으로 짓지 아니한 곳 이 창조에 속하지 아니한 더 크고 온전한 장막으로 말미암아 염소와 송아지의 피로 아니하고 오직 자기 피로 영원한 속죄를 이루사 단번에 성소에 들어가셨느니라. 염소와 황소의 피와 및 암송아지의 재로 부정한 자에게 뿌려 그 육체를 정결케 하여 거룩케 하거든 하물며 영원하신 성령으로 말미암아 흠 없는 자기를 하나님께 드린 그리스도의 피가 어찌 너희 양심으로 죽은 행실에서 깨끗하게 하고 살아 계신 하나님을 섬기게 못하겠느뇨. 이를 인하여 그는 새 언약의 중보니 이는 첫 언약 때에 범한 죄를 속하려고 죽으사 부르심을 입은 자로 하여금 영원한 기업의 약속을 얻게 하려 하심이니라."(히 9:11~15)

우리는 지금 성경에서 하나님의 마음을 더듬어 찾고 있습니다.

죄를 짓는 인간이 하나님의 복을 받을 수 있는 길이 있나?
출애굽기를 보면, 하나님이 이스라엘 백성을 애굽에서 나오게 하셨을 때 모세를 시내산 꼭대기로 부르셨습니다. 모세가 시내산 꼭대기에서 40일을 있었습니다. 모세를 기다리던 사람들은 모세가 내려오지 않자, "저 산에 먹을 것도 없는데 모세가 40일 동안 살아 있겠어? 죽었을 거야. 지금까지 모세가 우리를 인도했는데 앞으로는 어떻게 해야 하지?" 하고 의논했습니다. 그들이 신을 만들기로 했습니다.

"여러분, 금이 필요합니다. 금반지, 금목걸이 다 가져오세요."

이스라엘 백성들이 가져온 금을 녹여 그것으로 금송아지를 만들었습니다.

"이것이 우리를 애굽에서 인도하여 낸 우리 신이다."

하나님이 놀라운 역사들을 나타내 이스라엘 백성이 애굽에서 나와 가나안으로 가고 있었습니다. 그런데 그들이 이해가 가지 않을 만큼 쉽게 하나님을 떠났습니다. 그들이 금송아지를 만들어 그것을 신이라고 하며 그 앞에서 먹고 마시며 뛰놀았습니다. 그때 모세가 십계명이 새겨진 두 개의 돌판을 들고 시내산에서 내려왔습니다. 그날 이스라엘 백성 3천 명이 죽임을 당했습니다.

그 일이 있기 전에 어떤 일이 있었습니까? 하나님이 모세를 통해 이스라엘 백성에게 말씀하셨습니다.

"나의 애굽 사람에게 어떻게 행하였음과 내가 어떻게 독수리 날개로 너희를 업어 내게로 인도하였음을 너희가 보았느니라. 세계가 다 내게 속하였나니, 너희가 내 말을 잘 듣고 내 언약을 지키면 너희는 열국 중에서 내 소유가 되겠고 너희가 내게 대하여 제사장 나라가 되며 거룩한 백성이 되리라…."(출 19:4~6)

이스라엘 백성이 하나님의 말씀을 잘 듣고 언약을 지키면 복을 주겠다고 하셨습니다. 모세가 이스라엘 백성들에게 하나님이 하신 말씀을 전했을 때 그들이 뭐라고 했습니까? 일제히 말하길 "여호와의 명하신 대로 우리가 다 행하리이다."라고 했습니다.

이스라엘 백성이 하나님의 말씀대로 다 행하겠다고 약속해 놓고 금방 하나님을 떠나 금으로 송아지 우상을 만들었습니다. 십계명 가운데 가장 먼저 나오는, 나 외에 다른 신을 두지 말라는 1계명과 우상을 만들지 말라는 2계명을 어겼습니다. 그로 인해 그날 3천 명이 죽임을 당했습니다. 성경을 보면 그 후로도 이스라엘 백성들이 율법을 어겨 계속 죽임을 당했습니다. 결국에는 나라가 멸망을 당했습니다. 하나님의 법을 지켜서 복을 받은 것이 아니라 법을 어겨 저주를 받았습니다.

그들은 십계명을 비롯해 율법을 어겼지만 우리는 하나님이 주신 율법을 지킬 수 있습니까? 율법을 온전히 지킬 수 있는 사람은 한 사람도 없습니다. 우리가 율법을 다 지키면 하나님과 사이좋게 지낼 수 있지만 율법을 어기면 죄인이 되어 심판이 기다립니다. 율법을 지키지 못해 죄를 짓는 인간이 하나님의 복을 받을 수 있는 길이 있습니까?

하나님은 인간을 죄에서 건져 축복하시기 위해, '율법을 다 지키면 복을 받는다'는 약속 대신 새 언약을 세우기로 하셨습니다. 율법을 중심으로 맺어진, '지키면 복을 주겠다'는 하나님의 약속과 '다 지켜서 복을 받겠다'는 인간의 약속은 이루어지지 않았습니다. 인간이 율법을 지키지 않아 하나님과 맺은 언약을 깨뜨렸습니다. 그래서 축복 대신 저주를 받아야 했습니다. 하나님은 인간을 그 상태로 그냥 두신 것이 아니라 인간에게 새 길을 주셨습니다. 그 이야기가 예레미야 31장에 나옵니다.

하나님이 일해서 복을 주시겠다는 일방적인 약속

예레미야 31장 31절입니다.

"나 여호와가 말하노라. 보라 날이 이르리니 내가 이스라엘 집과 유다 집에 새 언약을 세우리라."(렘 31:31)

하나님이 새 언약을 세우겠다고 하셨습니다. 하나님이 이 말씀을 하셨을 때는 이스라엘 백성이 율법을 지키지 못해 나라가 망하고 사람들이 사로잡혀 바벨론으로 끌려간 때였습니다. 그처럼 저주를 받은 이스라엘 집과 유다 집에 새 언약을 세우겠다고 하셨습니다.

"나 여호와가 말하노라. 이 언약은 내가 그들의 열조의 손을 잡고 애굽 땅에서 인도하여 내던 날에 세운 것과 같지 아니할 것은, 내가 그들의 남편이 되었어도 그들이 내 언약을 파하였음이니라."(렘 31:32)

새 언약은 이스라엘 백성을 애굽 땅에서 인도해 내던 날에 세운 첫 언약과 다르다고 하셨습니다. 율법을 지켜서 복을 받겠다는 첫 번째 언약은 이스라엘 백성이 깨뜨렸습니다. 그들이 율법을 지켜서 복을 받는다는 것은 불가능한 일이었습니다. 그래서 하나님이 첫 번째 언약과 다른 새 언약을 세우겠다고 하셨습니다.

"나 여호와가 말하노라. 보라 날이 이르리니 내가 이스라엘 집과 유다 집에 새 언약을 세우리라."(렘 31:31)

여기서 "보라 날이 이르리니" 뒤에 나오는 '내가'는 인간입니까, 하나님입니까? 하나님입니다. 첫 번째 언약은 인간이 잘해야 복을 받는 언약이었습니다. 그런데 인간이 그 언약대로 복을 받는 데에 실패했습니다. 그래서 새 언약은 인간이 잘해야 복을 준다는 약속을 다시 세우신 것이 아닙니다. 하나님이 일해서 복을 주겠다는 일방적인 약속을 세우셨습니다.

첫 번째 언약은 하나님과 인간 사이에 맺어진 약속이었습니다.

"네가 네 하나님 여호와의 말씀을 순종하면 이 모든 복이 네게 임하며 네게 미치리니, 성읍에서도 복을 받고 들에서도 복을 받을 것이며 네 몸의 소생과 네 토지의 소산과 네 짐승의 새끼와 우양의 새끼가 복을 받을 것이며 네 광주리와 떡반죽 그릇이 복을 받을 것이며 네가 들어와도 복을 받고 나가도 복을 받을 것이니라."(신 28:2~6)

하나님의 법을 지키면 모든 복이 임한다고 했습니다. 옛날에 제가 장로교회에 다닐 때에는 '복을, 복을'을 소리 나는 대로 읽으면 '보글보글'이 되기 때문에 신명기 28장에 기록된 복을 청년들이 우스갯소리로 '끓이는 복'이라고 말했습니다. 하나님의 법을 지키면 복을 받지만 반대로 어기면 모든 저주가 임한다고 했습니다.

"네가 만일 네 하나님 여호와의 말씀을 순종하지 아니하여 내가 오늘날 네게 명하는 그 모든 명령과 규례를 지켜 행하지 아니하면 이 모든 저주가 네게 임하고 네게 미칠 것이니, 네가 성읍에서도 저주를 받으며 들에서도 저주를 받을 것이요 또 네 광주리와 떡반죽 그릇이 저주를 받을 것이요 네 몸의 소생과 네 토지의 소산과 네 우양의 새끼가 저주를 받을 것이며 네가 들어와도 저주를 받고 나가도 저주를 받으리라."(신 28:15~19)

첫 번째 약속은 인간이 지켜야 했습니다. 인간이 하나님의 법대로 행해야 했습니다. 그러나 약속을 지키지 못했습니다. 하나님의 법을 어겼습니다. 두 번째로 세운 새 언약은 인간이 지켜야 하는 약속이 아닙니다. 하나님이 인간에게 일방적으로 하신 약속입니다.

"나 여호와가 말하노라. 그러나 그날 후에 내가 이스라엘 집에 세울 언약은 이러하니 곧 내가 나의 법을 그들의 속에 두며 그 마음에 기록하여 나는 그들의 하나님이 되고 그들은 내 백성이 될 것이라."(렘 31:33)

하나님이 당신의 법을 우리 안에 두고 우리 마음에 기록하겠다고 하셨습니다. 그 법은 어떤 법입니까? 34절을 보겠습니다.

"그들이 다시는 각기 이웃과 형제를 가리켜 이르기를 '너는 여호와를 알라' 하지 아니하리니 이는 작은 자로부터 큰 자까지 다 나를 앎이니라. 내가 그들의 죄악을 사하고 다시는 그 죄를 기억지 아니하리라. 여호와의 말이니라."(렘 31:34)

하나님이 약속하시기를 "내가 그들의 죄악을 사하고 다시는 그 죄를 기억지 아니하리라." 하셨습니다. 하나님이 우리 죄를 사하시고, 다시는 죄를 기억하지 않겠다고 하셨습니다. 하나님이 새 언약을 세우셨습니다. 이제 율법을 지켜서 복을 받는 것이 아니라 새 언약대로 복을 받습니다.

강도 만난 자가 구원받기 위해 한 일이 무엇인가?

누가복음 10장에는 여러분이 잘 아는 '강도 만난 자와 선한 사마리아인' 이야기가 나옵니다. 10장 30절부터 제가 읽겠습니다.

"예수께서 대답하여 가라사대, 어떤 사람이 예루살렘에서 여리고로 내려가다가 강도를 만나매 강도들이 그 옷을 벗기고 때려 거반 죽은 것을 버리고 갔더라. 마침 한 제사장이 그 길로 내려가다가 그를 보고 피하여 지나가고 또 이와 같이 한 레위인도 그곳에 이르러 그를 보고 피하여 지나가되, 어떤 사마리아인은 여행하는 중 거기 이르러 그를 보고 불쌍히 여겨 가까이 가서 기름과 포도주를 그 상처에 붓고 싸매고 자기 짐승에 태워 주막으로 데리고 가서 돌보아 주고 이튿날에 데나리온 둘을 내어 주막 주인에게 주며 가로되 '이 사람을 돌보아 주라. 부비가 더 들면 내가 돌아 올 때에 갚으리라' 하였으니, 네 의견에는 이 세 사람 중에 누가 강도 만난 자의 이웃이 되겠느냐? 가로되, 자비를 베푼 자니이다. 예수께서 이르시되 '가서 너도 이와 같이 하라' 하시니라."(눅 10:30~37)

어떤 사람이 예루살렘에서 여리고로 내려가다가 강도를 만나 죽도록 맞았습니다. 이제 이 사람이 할 수 있는 일이 무엇입니까? 누워서 죽음을 기다리는 일뿐이었습니다. 저녁이 되어 해가 지면 늑대 무리가 피 냄새를 맡고 다가와 뜯어먹으면 뼈만 앙상하게 남을 것입니다. 움직이지 못하고 누워 있는데 한 제사장이 지나갔습니다. 강도 만난 자가 얼마나 기뻤겠습니까? '저 사람이 나를 구원해 주겠지?' 그러나 제사장은 그를 보고 피하여 지나갔습니다. 얼마 후, 이번에는 레위인이 그곳을 지나갔습니다. '저 사람은 나를 구원해 주겠지?'라고 기대했지만 레위인 역시 그를 보고 피하여 지나갔습니다.

다음으로 어떤 사마리아인이 여행하는 중에 거기 이르러 그를 보았습니다. 그를 불쌍히 여겨 가까이 가서 기름과 포도주를 그 상처에 붓고 싸맸습니다. 자기 짐승에 태워 주막으로 데리고 가서 돌보아 주었습니다. 이튿날 주막 주인에게 두 데나리온을 주며 '이 사람을 돌보아 주라, 돈이 더 들면 돌아와서 갚겠다' 했습니다.

많은 목사님들이 우리도 선한 사마리아인처럼 이웃을 사랑해야 한다고 말합니다. 그것은 성경을 잘 모르는 잘못된 이야기입니다. 이 이야기에 등장하는 선한 사마리아인은 우리가 아니라 예수님입니다. 강도들이 있는 곳에서 자신의 안전을 생각하지 않고 강도 만난 자를 살리고, 안전한 주막으로 옮겨서 돌봐주고, 그를 돌보는 데 필요한 모든 것을 책임지실 수 있는 분은 예수님밖에 없습니다. 인간은 선한 사마리아인이 아니라, 죄로 인해 멸망을 당할 수밖에 없는 강도 만난 자입니다.

구원자는 예수님이시지 우리가 아닙니다. 우리는 구원을 받아야 하는 피구원자입니다. 예수님이 말씀하신 누가복음 10장 30절부터의 이야기는, 선한 사마리아인이신 예수님이 강도 만난 자 같은 우리를 구원하시는 이야기입니다. 그런데 이 이야기에서 강도 만난 자가 구원받기 위해 한 일이 무엇입니까? 그가 무슨 일을 했습니까? 아무 일도 하지 않았습니다.

누가복음 10장 33절부터 보십시오. 어떤 사마리아인이 강도 만난 자를 보았고, 그를 불쌍히 여겼으며, 그에게 가까이 갔습니다. 사마리아인이 기름과 포도주를 부었고, 자기 짐승에 태웠으며, 주막으로 데리고 왔고, 돌보아 주었습니다. 그리고 주막 주인에게 두 데나리온을 주며 그를 돌보아 주라고 부탁했습니다. 부비가 더 들면 돌아와서 갚겠다고 했습니다. 여기서 강도 만난 자가 한 일이 무엇입니까? 아무것도 없습니다.

강도 만난 자가 구원받은 것처럼 우리가 구원받기 위해서 해야 할 일은 아무것도 없습니다. 그런데 많은 교회에서 자꾸 무엇을 해야 구원받는다고 가르칩니다. 회개해야 구원받는다고 합니다. 그렇지 않습니다. 우리를 구원하는 일은 구원자인 예수님이 다 이루십니다. 만일 우리가 손을 대면 손을 대는 만큼 망가집니다.

하나님이 처음에는 인간에게 무엇을 하라고 하셨습니다. 율법을 지키라고 하셨습니다. 한 사람도 지키지 못했습니다. 그래서 '너희들은 안 된다. 이제는 내가 할게' 하셨습니다. 따라해 보십시오.

"내가 할게. 너는 손대지 마."

누가 일해야 합니까? 하나님이 일하셔야 합니다. 구원자인 예수님이 일하셔야 합니다. 구원받기 위해 열심히 기도해야 한다, 방언해야 한다, 불을 받아야 한다…. 다 거짓말입니다. 그것은 구원이 아닙니다. 자신이 노력하는 것입니다. 구원은 우리가 노력해서 이루는 것이 아니라 구원자가 이루는 것입니다.

우리는 자신이 무엇을 해서 의롭게 되지 못합니다. 선을 행하지도 못합니다. **"다 치우쳐 한가지로 무익하게 되고 선을 행하는 자는 없나니 하나도 없도다."**(롬 3:12) 이 말씀에서 선을 행하는 자는 없나니 하나도 없다고 했습니다. 자신의 행위로 의롭게 될 수 있는 사람은 물론 선을 행할 수 있는 사람도 한 사람도 없습니다.

우리가 무엇을 행해야 하는 것이 아니라 하나님이 우리를 의롭게 하셔야 합니다. 예수님이 우리를 죄에서 구원하셔야 합니다. 하나님이 우리를 구원하는 일을 이루십니다. 이 자리에 있는 수천 명 가운데 한 사람도 빠짐없이 하늘나라에 갈 수 있도록 하십니다.

죄송하지만, 이 자리에 있는 분들 가운데 도둑질한 사람도 있고 거짓말한 사람도 있을 것입니다. 더 큰 죄를 지은 사람도 있을 것입니다. 그 모든 죄를 씻는 일을 하나님이 하십니다. 예수님이 우리를 구원하십니다. 하나님이 우리를 하늘나라로 인도하신다는 것입니다.

"너는 제발 가만히 있어. 내가 일할게."

이것이 새 언약을 세우신 하나님이 하시는 말씀입니다. 강도 만난 자가 구원받기 위해 해야 할 일이 하나도 없었듯이 우리가 해야 할 일이 없습니다. '하나님이 우리 죄를 사하겠다고 하셨네. 그러면 사하시겠네.' 이렇게 받아들이는 것이 참된 믿음입니다. 철야하면서 울며 기도하고, 산에 가서 소나무 뿌리를 붙들고 기도해야 죄가 씻어지는 것이 아닙니다. 하나님이 우리 죄를 사하겠다고 하셨습니다. "내가 그들의 죄악을 사하고 다시는 그 죄를 기억지 아니하리라." 그러면 사하십니다. 하나님이 말씀하신 대로 예수님이 십자가에 못 박혀 우리 죄를 사하셨습니다. 우리 죄가 사해졌습니다.

구원은 우리가 노력해서 이루는 것이 아니라 구원자가 이루는 것
성경에는 두 개의 언약이 있습니다. 첫 번째는 율법을 중심으로 세운 언약입니다. 하나님이 '율법을 다 지키면 복을 주겠다'고 하셨고, 이스라엘 백성들이 '명령하신 대로 다 행하겠다'고 약속했습니다. 하지만 그 누구도 하나님이 명령하신 대로 다 행하지 못했습니다. 다 약속을 어겼습니다. 아무도 지키지 않는 그 약속은 있으나마나 한 것입니다. 그래서 하나님이 새 언약을 세우겠다고 하셨습니다. 두 번째로 세운 새 언약은 우리가 무엇을 하는 것이 아니라 하나님이 하십니다.

"그들이 다시는 각기 이웃과 형제를 가리켜 이르기를 '너는 여호와를 알라' 하지 아니하리니 이는 작은 자로부터 큰 자까지 다 나를 앎이니라. 내가 그들의 죄악을 사하고 다시는 그 죄를 기억지 아니하리라. 여호와의 말이니라."(렘 31:34)

하나님이 분명히 "내가 그들의 죄악을 사하고 다시는 그 죄를 기억지 아니하리라."라고 하셨습니다. 하나님이 우리 죄악을 사한다고 하셨습니다. 우리 죄를 기억하지도 않는다고 하셨습니다.

구원받는 것이 어렵습니까? 어려우면 구원이 아닙니다. 쉬워야 합니다. 구원은 우리가 이루는 것이 아니라 구원자가 이루는 것이기 때문입니다. 구원자가 일해야 하고, 우리는 구원자가 이룬 구원을 누리면 됩니다. 예수님이 우리를 구원하기 위해 일하셨습니다. 세례 요한에게 안수를 받아 세상 죄를 넘겨받으셨습니다. 세상 죄를 짊어지고 십자가로 가셨습니다. 채찍에 맞으시고, 가시관을 쓰시고, 손과 발이 못 박혀 피를 흘리시고, 창에 찔리시고, 마지막에 "다 이루었다!" 하고 돌아가셨습니다.

예수님이 우리를 구원하는 일을 다 이루셨습니다. 우리 죄의 값이 십자가에서 완벽하게 지불되었습니다. 우리 죄가 십자가에서 끝이 났습니다. 모든 죄가 다 씻어졌습니다. 그렇지 않다면 예수님은 우리를 구원하시는 일을 실패했습니다. 한 사람이라도 죄가 남아 있다면 예수님은 실패하신 것입니다. 예수님은 실패하시지 않았습니다. 모든 사람의 죄를 다 씻었습니다. 우리가 해야 할 일은 아무것도 남아 있지 않습니다. '아, 예수님이 내 죄를 다 씻어 놓으셨구나.' 이렇게 믿기만 하면 됩니다. 여러분, 예수님이 여러분의 죄를 다 씻은 것을 믿습니까? 믿는 분은 손을 들어 주십시오.

십계명은 인간이 지키지 못합니다. 그래서 하나님이 그 언약 대신 새 언약을 세우셨는데 아직도 십계명을 지켜야 한다고 말하는 목사님들이 많습니다. 하나님이 새 언약을 세우셨는데도 옛 언약을 지켜서 하나님의 복을 받으라고 하는, 어처구니없는 말을 하는 목사님들이 많습니다.

"나 여호와가 말하노라. 이 언약은 내가 그들의 열조의 손을 잡고 애굽 땅에서 인도하여 내던 날에 세운 것과 같지 아니할 것은…."(렘 31:32)

새 언약은 율법을 지켜야 복을 받는다는 첫 언약과 같지 않습니다. 하나님은 인간이 스스로 의롭게 되지 못할 것을 아시기 때문에 인간에게 아무것도 기대하시지 않습니다. 하나님이 100% 일하셔서 인간을 구원하는 일을 이루셨습니다. 하나님께 죄를 용서해 달라고 기도해야 하는 것이 아닙니다. 이미 죄를 다 씻어 놓으셨습니다. 예수님은 인간의 모든 죄를 씻는 일을 완벽하게 이루셨습니다. 기도하는 사람의 죄를 씻으신 것이 아니고, 성경을 많이 읽고 전도하는 사람의 죄를 씻으신 것도 아니고, 목회자의 죄를 씻으신 것도 아닙니다. 모든 사람의 죄를 씻으셨습니다. 우리는 죄가 씻어진 것을 믿기만 하면 됩니다.

어떤 사람들은 제가 이렇게 말한다고 이단이라고 하고, 회개해야 죄가 씻어진다고 합니다. 그렇지 않습니다. 죄는 우리가 무엇을 해서 씻어지는 것이 아닙니다. 구원자인 예수님이 온전히 이루십니다. 인간은 손을 하나도 대지 않고 하나님이 다 하십니다. 하나님이 약속대로 우리 죄를 눈같이 희게 씻으셨습니다.

너희 죄 흉악하나 눈과 같이 희겠네
너희 죄 흉악하나 눈과 같이 희겠네
죄의 빛 흉악하나 희게 되리라
주홍 빛 같은 네 죄 주홍 빛 같은 네 죄
눈과 같이 희겠네 눈과 같이 희겠네

너희 죄 사해주사 기억 아니하시네
너희 죄 사해주사 기억 아니하시네
불쌍한 사람들아 오라 하시네
너희 죄 사해주사 너희 죄 사해주사
기억 아니하시네 기억 아니하시네

"내가 그들의 죄악을 사하고 다시는 그 죄를 기억지 아니하리라."
(렘 31:34)

아빠, 내가 운전 한번 해볼게요

하나님은 똑똑한 사람이나 잘난 사람이나 착한 사람이나 진실한 사람을 들어 쓰시지 않습니다. 인간은 다 악하기 때문입니다. 하나님은 형편없는 저를 통해 일하셨습니다. 하나님이 하시는 일을 볼 때마다 감격스럽습니다. 하나님이 저에게 이 복음을 전하게 하셨습니다.

'박옥수 목사야, 내가 이 세상 모든 사람의 죄를 다 씻어 놓았다. 너는 이번 집회에 가서 다른 이야기 하지 말고 내가 죄를 다 씻어 놓았다는 이야기만 해라. 사람들의 마음에 이 말씀이 철두철미하게 자리 잡게 해라.'

저는 하나님이 다 이루어 놓으신 일을 전하기만 하면 됩니다. 우리가 해야 할 일이 하나도 없고 하나님이 다 이루어 놓으셨다고 외치기만 합니다.

제 아들이 초등학교에 다닐 때 제가 승용차를 처음 샀습니다. 아들과 함께 차를 타고 가면 아들이 옆에서 제가 운전하는 것을 자세히 보았습니다. 하루는 아들이 저에게 말했습니다.

"아빠, 내가 운전 한번 해볼게요."

"안 돼."

"아빠, 저 운전할 수 있어요. 아빠가 운전하는 거 옆에서 자세히 봤어요."

아빠가 운전하는 것을 가만히 보니 처음에 시동 걸고, 기어 넣고, 갈 때는 액셀을 밟았다 설 때는 브레이크를 밟고, 오른쪽으로 가고 싶으면 핸들을 오른쪽으로 틀고 왼쪽으로 가고 싶으면 왼쪽으로 틀면 되니까 운전하는 것이 쉬워 보였던 모양입니다. 아들이 차를 운전해 보겠다고 할 때 '저렇게 원하는데 어떻게 안 들어줄 수 있나? 하게 해 줘야지.' 하면 됩니까? 절대 안 됩니다. 제가 아들에게 어떻게 대답

할까 생각하다가 물었습니다.

"너, 운전면허증 있어?"

"없는데요."

"우리나라 도로교통법에 면허증 없는 사람은 차를 운전하지 못하게 되어 있어. 네가 운전하는 것은 불법이야. 운전하고 싶거든 면허증을 따. 운전면허증을 딸 수 있는 나이가 돼서 면허증을 따면 내가 차를 사주든지 내 차를 빌려주든지 할게."

그날부터 제가 자동차 열쇠를 아무데나 두지 않고 잘 관리했습니다. 제 아들이 '내가 운전할 수 있는데 아빠는 왜 못 하게 하지? 내가 나중에 아빠가 돼서 내 아들이 운전하고 싶다고 하면 하게 해줘야지.'라고 생각했는지도 모릅니다. 그러나 어른이 되면 생각이 달라집니다. 절대로 어린 아들이 차를 운전하게 하지 않습니다. 그것은 사랑하는 아들이 위험 속으로 들어가는 것을 허락하는 것과 같습니다.

요즘은 제 아들과 함께 차를 타고 갈 때에는 늘 아들이 운전합니다. 저는 옆에 타고 갑니다. 아들이 운전을 잘합니다.

우리가 하늘나라에 가는 것이 이와 같습니다. 우리가 무엇을 해서 하늘나라에 가려고 하면 큰 문제가 생깁니다. 그 중요한 일은 하나님이 다 하셔야 합니다. 우리는 손톱만큼도 손대서는 안 됩니다.

나는 죽을 때까지 죄인임을 밝혀두는 바이다(?)

어떤 사람이 예루살렘에서 여리고로 내려가다가 강도를 만나, 강도들이 그 사람의 옷을 벗기고 때린 뒤 거반 죽은 것을 버리고 갔습니다. 이 사람은 그대로 두면 죽을 수밖에 없습니다. 그를 선한 사마리아인이 구원해 주었습니다. 여러분 모두 죄를 지었지만 죽어서 하늘나라에 가고 싶을 것입니다. 그 일을 우리가 이루는 것이 아니라 구원자인 예수님이 이루십니다. 예수님이 십자가에 못 박혀 죽어서 모든 죄를 씻으셨습니다.

어떤 사람이 저를 비난하는 글을 쓰면서 "나는 죽을 때까지 죄인임을 밝혀두는 바이다."라고 했습니다. 죄인이면 지옥에 가는 것 외에 다른 것이 없습니다. 예수님이 죄를 다 씻었는데 죄인이라고 하면 예수님을 모욕해도 이만저만 모욕하는 이야기가 아닙니다. 그 사람은 지옥에 가야지, 다른 길이 없습니다.

저는 죄인이 아닙니다. 죄를 지었지만 하나님이 당신의 아들 예수 그리스도를 세상에 보내 내 죄를 눈보다 더 희게 씻었습니다.

금이나 은같이 없어질 보배로 속죄함 받은 것 아니요
거룩한 하나님 어린양 예수의 그 피로 속죄함 얻었네
속죄함 속죄함 주 예수 내 죄를 속했네
할렐루야 소리를 합하여 함께 찬송하세
그 피로 속죄함 얻었네

우리가 예수님의 피로 속죄함을 얻었습니다. 얼마나 감사한지 모릅니다. 그런데 어떤 사람들은 찬송은 이렇게 부르고, 기도하자고 하면 "주여, 죄인입니다. 용서해 주십시오."라고 합니다. 자신이 무엇을 하고 있는지도 모릅니다.

여러분이 실수하거나 잘못하거나 죄를 지어서 양심에 가책이 되고 부끄러울 때가 있을 것입니다. 그 모든 죄를 예수님이 씻었습니다. 옛날에 제가 장로교회에 다니다가 1962년에 죄 사함을 받았습니다. 교회에서 청년들에게 '내 죄가 다 씻어져서 죄가 없다'고 말했습니다. 그러자 청년들이 저를 비웃었습니다. 한 친구가 제가 없는 자리에서 교회 청년들에게 말했습니다.

"박옥수 그 녀석 웃기는 녀석이야. 내가 자기를 아는데 자기가 죄가 없다고?"

제가 그 친구와 같이 수박 서리도 하고 참외 서리도 하고, 도둑질을 많이 했습니다. 같이 죄를 지어놓고 죄가 없다고 하니 제가 허세를 부리고 있다는 것입니다. 그 친구는 제가 하는 이야기를 제대로 듣지 않았습니다. 저는 죄를 짓지 않았다고 하지 않았습니다. 죄를 많이 지어서 죄 때문에 괴로웠다고 했습니다. 그런데 그 많던 죄가 예수님의 피로 다 씻어졌다고 했습니다. 그래서 죄가 하나도 없다고 했습니다. 성경을 읽으면 읽을수록 그것이 분명했습니다.

하늘나라 성전에서 드린 영원한 속죄제사

히브리서 9장에서도 우리 죄가 씻어진 이야기를 자세히 하고 있습니다. 히브리서 9장 11절을 찾아보겠습니다.

"그리스도께서 장래 좋은 일의 대제사장으로 오사 손으로 짓지 아니한 곧 이 창조에 속하지 아니한 더 크고 온전한 장막으로 말미암아 염소와 송아지의 피로 아니하고 오직 자기 피로 영원한 속죄를 이루사 단번에 성소에 들어 가셨느니라."(히 9:11~12)

여기에 '손으로 짓지 아니한, 곧 창조에 속하지 않은 더 크고 온전한 장막'이 나옵니다. '장막'은 성전을 가리킵니다. 성전은 모두 두 개가 있습니다. 하나는 손으로 지은 성전이고, 다른 하나는 손으로 짓지 않은 성전입니다. 사람들이 예배당을 가리켜 '거룩한 성전'이라고 말하는 경우가 있는데, 성경에서 말하는 성전은 땅에 하나, 하늘나라에 하나 있습니다.

원래 성전은 하늘나라에 있고 땅에는 없었습니다. 출애굽기에서 하나님이 모세를 시내산 꼭대기로 부르신 뒤 40일 동안 하늘나라에 있는 성전을 다 보여 주셨습니다. 그리고 "내가 산에서 보여준 대로 성전을 지어라." 하셨습니다. 당시는 이스라엘 백성들이 광야를 지나는 중이었기 때문에 하늘에 있는 성전과 같은 모양의 성전을 천막으로 지었습니다. 그것을 성막이라고 했고, 히브리서 9장에서는 '장막'이라고 표현했습니다. 이스라엘 백성들이 성막에서 소를 잡고 양을 잡아 제사를 드리면 죄가 씻어졌습니다.

예수님은 손으로 짓지 않은 더 크고 온전한 장막인 하늘나라 성전에서 속죄제사를 드리셨다고 했습니다. 예수님은 십자가에 못 박혀 피를 흘리고 죽으셨고, 그 피를 가지고 땅에 있는 성전에 들어가신 것이 아니라 하늘나라 성전에 올라가셨습니다. 그 피를 하늘나라 성전 제단 뿔에 바르고 속죄소에 뿌리셨습니다.

하늘나라는 모든 것이 영원한 영원계永遠界입니다. 반대로 이 땅은 시간이 흘러가는 시간계時間界입니다. 이 땅에서 속죄제사를 드리면 지은 죄가 씻어지지만, 이 땅은 시간계여서 시간이 흘러가면 그것이 과거가 됩니다. 그래서 그 후에 죄를 지으면, 전에 드린 제사는 과거로 흘러갔기 때문에 지금 짓는 죄를 씻지 못합니다. 그러니까 죄를 지을 때마다 양을 잡고 소를 잡아서 제사를 드려야 했습니다.

시간계에서는 영원한 일을 할 수 없습니다. 예수님은 우리 죄를 씻기 위해 십자가에서 흘리신 피를 이 땅에 있는 제단에 뿌리신 것이 아니라 하늘나라 제단에 뿌리셨습니다. 이 땅에서는 시간이 계속 흘러가지만 영원한 하늘나라에서는 시간이 흘러가지 않기 때문에 하늘나라에서 드린 속죄제사도 영원합니다. 다시 속죄제사를 드려야 할 필요가 없는 영원한 속죄가 이루어졌습니다.

영원한 속죄가 아니면 의미가 없습니다. 죄를 씻어도 또 죄를 지으면 죄인이 되어서 심판을 받아야 하기 때문입니다. 영원한 속죄가 이뤄져야만 우리가 다시는 심판이 없는 온전한 구원을 받을 수 있습니다. 어떤 사람은 "원죄는 예수님이 씻었고 자범죄는 우리가 씻어야 한다."라고 말하고, 어떤 사람은 "예수님이 지난 죄는 씻었지만 앞으로 짓는 죄는 회개해서 씻어야 한다."라고 말합니다. 그렇지 않습니다. 모든 죄를 영원히 씻었습니다. 예수님이 영원한 속죄를 이루셨습니다.

히브리서 10장에서도 예수님이 영원한 속죄를 이루신 것에 관해 자세히 이야기하고 있습니다.

"이 뜻을 좇아 예수 그리스도의 몸을 단번에 드리심으로 말미암아 우리가 거룩함을 얻었노라. 제사장마다 매일 서서 섬기며 자주 같은 제사를 드리되 이 제사는 언제든지 죄를 없게 하지 못하거니와, 오직 그리스도는 죄를 위하여 한 영원한 제사를 드리시고 하나님 우편에 앉으사 그 후에 자기 원수들로 자기 발등상이 되게 하실 때까지 기다리시나니, 저가 한 제물로 거룩하게 된 자들을 영원히 온전케 하셨느

니라."(히 10:10~14)

　예수님이 속죄 제물이 되어 거룩하게 된 자들을 영원히 온전케 하셨다고 했습니다. 예수님의 피로 우리 죄가 영원히 사해진 것입니다. 우리가 죄를 지을 때마다 예수님이 십자가에 못 박혀 죽으시는 것이 아니고, 우리가 잘못할 때마다 그 죄를 씻어 주시는 것이 아닙니다. 단 한 번에 영원한 속죄를 이루셨습니다.

우리가 지은 죄를 기억하시지도 않는 하나님

하나님을 위해서 무엇을 잘하려고 하지 마십시오. 우리가 모자라고 연약한 것을 하나님이 잘 아십니다. 하나님이 이루신 일들을 은혜로 누리며 감사한 마음으로 밝게 삽시다. 성령이 여러분 속에서 역사해 여러분이 밝고 복되게 살도록 하나님이 해놓으셨습니다.

　여러분이 죄 속에서 살았을 때 얼마나 고민이 많았습니까? "내가 죄가 하나도 없이 깨끗하다." 이 소리를 얼마나 해보고 싶었습니까? 큰 죄도 있고 작은 죄도 있고 부끄러운 죄도 있고, 그런 죄들이 여러분 마음을 얼마나 무겁게 했습니까? 그런데 그 모든 죄가 예수님이 세례 요한에게 안수를 받을 때 예수님에게 넘어갔습니다. 그래서 세례 요한이 "보라, 세상 죄를 지고 가는 하나님의 어린양이로다."라고 증거했습니다. 그때 태어나지도 않았던 여러분이 지은 죄도 예수님이 지신 세상 죄 속에 들어 있었습니다. 앞으로 지을 죄도 들어 있었습니다. 죄라는 죄는 다 거기 들어 있었습니다.

　예수님이 우리 죄를 다 씻어 놓으셨는데 얼마나 많은 날들을 "주여, 죄인입니다. 용서해 주십시오."라고 기도했습니까? 우리 죄가 다 씻어졌습니다. 이 자리에 앉은 여러분, 여러분의 마음에서도 죄가 다 씻어졌습니까? 죄가 다 씻어진 사람 손들어 보십시오. 다 손을 드셨네요. 하나님이 '그래, 바로 그거야! 박옥수 목사가 하는 말이 맞아!' 하실 것입니다. 우리가 다 하늘나라에 가서 만납시다. 예수님의 피로 죄가 씻어진 것을 믿는 사람은 하늘나라에 가기 싫어도 가야 합니다. 하나님이 이 큰 선물을 우리에게 주셨습니다. 하나님이 선물을 주실 때 착한 일을 한 사람에게, 열심히 한 사람에게 주신 것이 아니라 모든 사람에게 주셨습니다.

하나님이 우리 죄를 다 사하셨습니다. 죄를 사하셨을 뿐 아니라 우리가 지은 죄를 기억도 하시지 않습니다. 하나님이 우리가 지은 죄를 다 기억하고 계시면 우리가 천국에 가서 불편할까봐 기억하시지도 않습니다.

너희 죄 사해주사 기억 아니하시네
너희 죄 사해주사 기억 아니하시네
불쌍한 사람들아 오라 하시네
너희 죄 사해주사 너희 죄 사해주사
기억 아니하시네 기억 아니하시네

전에는 이 찬송을 부르고도 "주여, 죄를 용서해 주십시오." 했지만, 이제는 이 사실을 믿습니다. 하나님이 우리 죄를 사하셨고, 기억도 아니하십니다.

저는 1962년, 열아홉 살 때 예수님의 피로 내 죄가 씻어진 것을 알았습니다. 그때부터 수많은 사람들에게 이 이야기를 했습니다. 예수님이 우리 죄를 다 씻었다고 하면 어떤 사람은 "그러면 죄를 막 지어도 되겠네요?"라고 합니다. 제가 그 사람에게 "당신은 죄를 막 짓지 않아요?"라고 되묻습니다. 마음으로 온갖 죄를 지으면서 죄를 짓지 않고 사는 것처럼 행동하는 사람이 있습니다. 죄를 조심히 짓든 막 짓든, 모든 죄를 예수님이 씻어 주셨습니다.

저는 구원받은 뒤 60여 년 동안 복음을 전하는 일만 했습니다. 복음을 전하며 살다 보면 말할 수 없이 감격스러울 때가 많습니다. '나 같은 인간을 하나님이 구원하셨어!' 복음을 전하는 일에 내 생명을 다 바쳐도 하나도 아깝지 않습니다. 나 자신을 다 드려도 감사할 뿐입니다.

사람은 아무나 사랑하지 않고 구분해서 사랑합니다. 사랑할 사람이 있고, 미워할 사람이 있습니다. 하나님은 구분이 없습니다. 악한 사람, 더러운 사람, 추한 사람, 음란한 사람, 거짓된 사람, 얄미운 사람, 못된 사람 상관하지 않고 다 사랑합니다. 그런데 하나님을 믿는다고 하면서 죄인이라고 하면, 죄를 용서해 달라고 하면 하나님이 얼마나 섭섭하시겠습니까?

여러분이 다른 생각들은 다 놔두고 예수님의 피가 내 죄를 사했다는 사실을 기억합시다. 그리고 밝게 웃읍시다. 지금부터 잠깐 눈을 감고 조용히 하나님께 "내 죄를 사해 주셔서 감사합니다."라고 하겠습니다.

앞으로 자주 그렇게 말하십시오. "하나님, 더러운 나의 죄를 사해

주셔서 감사합니다." 사람들에게 죄 사함을 받았다고 자랑하십시오. 어떻게 죄를 사함 받는지 물어보면 가르쳐 주십시오. 그래서 여러분의 가족과 주위에 있는 사람들이 다 하나님의 은혜를 입게 되기를 바랍니다.

07

∞

영원한 속죄를 이루사

7장

∞

영원한 속죄를 이루사

신약 성경 히브리서 9장 11절부터 읽겠습니다.

"그리스도께서 장래 좋은 일의 대제사장으로 오사 손으로 짓지 아니한 곳 이 창조에 속하지 아니한 더 크고 온전한 장막으로 말미암아 염소와 송아지의 피로 아니하고 오직 자기 피로 영원한 속죄를 이루사 단번에 성소에 들어가셨느니라. 염소와 황소의 피와 및 암송아지의 재로 부정한 자에게 뿌려 그 육체를 정결케 하여 거룩케 하거든 하물며 영원하신 성령으로 말미암아 흠 없는 자기를 하나님께 드린 그리스도의 피가 어찌 너희 양심으로 죽은 행실에서 깨끗하게 하고 살아 계신 하나님을 섬기게 못하겠느뇨."(히 9:11~14)

오늘 이야기하고 싶은 내용은 성경에서 가장 핵심이 되는 부분입니다. 성경에는 수없이 많은 말씀에, 예수님이 우리 죄를 위해 십자가에 못 박혀 죽으셔서 우리 죄를 씻었다고 기록되어 있습니다. 그런데 오늘날 많은 교회에서는 그렇게 가르치지 않습니다. 아주 많은 기독교인들이 자신이 죄인이라고 합니다. 그렇게 말하는 사람은 하나님을 믿는 사람이 아니라 자기 생각을 믿는 사람입니다. 성경 말씀대로 믿는 것이 참된 신앙입니다.

저는 전 세계를 다니며 복음을 전하고 있습니다. 그런데 세계 어느 나라를 가든지 수많은 기독교인들이 죄인이라고 합니다. "주여, 죄를 용서해 주십시오."라고 기도합니다. 그 사람들은 누구를 믿는 것입니까? 예수님은 우리 죄를 다 씻으셨는데 죄를 씻지 않은 예수는 도대체 누구입니까? 눈물을 흘리면서 "주여, 이 죄인을 용서해 주십시오!"라고 울부짖는 사람들이 많습니다. 십자가에 못 박혀 죽으신 예수님이 그 광경을 보시면 얼마나 마음이 아프시겠습니까? 오늘도 너무나 많은 교회에서 사람들이 죄인이라고 하는데, 얼마나 안타까운 일인지 모릅니다.

오직 자기 피로 영원한 속죄를 이루사

히브리서 9장에서 우리는 예수님이 이루신 속죄에 대해 정확히 알 수 있습니다.

> "그리스도께서 장래 좋은 일의 대제사장으로 오사 손으로 짓지 아니한, 곧 이 창조에 속하지 아니한 더 크고 온전한 장막으로 말미암아"(히 9:11)

예수님은 '장래 좋은 일'의 대제사장으로 오셨습니다. 그 좋은 일은 구약 시대에 양이나 소로 속죄제사를 드려 죄를 씻었던 것과 달리, 예수님이 영원한 속죄를 이루셔서 우리가 영원히 거룩하고 온전케 되는 일입니다. 여기에 '손으로 짓지 아니한, 곧 이 창조에 속하지 아니한 더 크고 온전한 장막'이 나옵니다. 지난 시간에 이야기한 것처럼 이 장막은 성막을 가리킵니다. 이스라엘 백성이 애굽에서 나와 광야에서 지낼 때 하나님이 모세를 통해 성막을 짓게 하셨습니다. 그것이 '손으로 지은' 성막입니다. 손으로 짓지 않은 더 크고 온전한 장막은 하늘나라에 있는 성전을 가리킵니다.

예수님은 우리 죄를 씻기 위해 속죄제사를 드리셨습니다. 그런데 이 땅에 있는 성전에서 드린 것이 아니라 하늘나라 성전에서 드리셨습니다. 죄의 값을 지불하는 피도 이 땅에 있는 성전에서는 양이나 염소나 송아지의 피였지만, 하늘나라 성전에서는 예수님이 흘리신 피였습니다.

"염소와 송아지의 피로 아니하고 오직 자기 피로 영원한 속죄를 이루사 단번에 성소에 들어가셨느니라."(히 9:12)

하늘나라 성전에 예수님의 피를 뿌려 이 땅에서 드린 속죄제사와 다르게 영원한 속죄를 이루셨습니다. 구약 시대에 드렸던 속죄제사로는 모든 죄를 영원히 사함 받지 못했습니다. 그래서 자주 같은 제사를 드려야 했습니다. 예수님은 모든 죄를 영원히 씻는 영원한 속죄를 이루셨습니다. 그 일이 어떻게 가능합니까? 시간이 흐르는 이 땅과 달리 하늘나라는 영원하기 때문입니다. 시간이 흘러야 과거가 있고, 현재가 있고, 미래가 있습니다. 그런데 시간이 흐르지 않는 하늘나라에서는 늘 현재만 존재합니다. 모든 것이 과거로 흘러가지 않고 늘 그대로 존재합니다. 속죄제사도 과거로 흘러가지 않고 늘 그대로 있기 때문에 언제든지 죄가 씻어져 있습니다. 그래서 우리가 영원히 거룩해졌고, 온전해졌습니다.

예수님의 공로를 의지하는데 왜 더러운 죄인으로 남아 있는지…
제가 어려서 장로교회에 다닐 적에는 목사님이 기도할 때 마지막에 "이 더러운 죄인, 예수님의 공로 의지하여 기도드립니다."라고 했습니다. 장로님도 그렇게 기도하고 모든 교인이 그렇게 기도했습니다. 예수님의 공로를 의지하는데 왜 더러운 죄인으로 남아 있는지 모르겠습니다. 예수님의 공로를 의지하면, 예수님이 속죄 제물이 되어 우리를 거룩하게 하셨습니다. 영원히 온전케 하셨습니다. 성경에 그렇게 기록되어 있습니다.

    죄인이라는 말은 하나님의 말씀을 듣는 것입니까, 마귀의 말을 듣는 것입니까? 하나님의 말씀을 그대로 듣고 그대로 믿는 것이 그리스도인입니다. 슬프게도 이 시대의 많은 교회들이 성경에서 벗어나 있습니다. 성경을 근본으로 신앙생활을 하는 것이 아니라 인간의 생각을 덧붙여서 신앙생활을 합니다. 그것은 참된 신앙이 아닙니다. 성경에서 예수님의 피로 우리 죄가 영원히 씻어졌다고 기록되었으면 죄가 씻어졌습니다. 우리에게 죄가 있는데 하나님이 죄가 다 씻어졌다고 거짓말하셨겠습니까? 그럴 리 없습니다. 하나님은 거짓말하시지 않습니다.

    "모든 사람이 죄를 범하였으매 하나님의 영광에 이르지 못하더니, 그리스도 예수 안에 있는 구속으로 말미암아 하나님의 은혜로 값 없

이 의롭다 하심을 얻은 자 되었느니라."(롬 3:23~24)

　우리가 다 죄를 지었습니다. 그래서 예수님이 우리 대신 십자가에 못 박혀 죽으셨습니다. 예수님이 우리 죄 값을 지불하고 우리를 죄에서 구원하셔서 우리가 의롭다 함을 얻은 자가 되었습니다. 하나님이 우리를 보고 '의롭다' 하셨습니다. 죄를 씻기 위해서 우리가 한 일이 아무것도 없지만 예수님이 우리를 죄에서 구원하는 일을 다 이루셨습니다. 예수님이 이루신 것을 보고 하나님이 우리에게 의롭다고 말씀하셨습니다. 하나님이 의롭다고 하시면 여러분이 어떤 죄를 지었든지 의로운 것이 맞습니다.

　사람은 다 죄를 지은 죄인이었습니다. 예수님은 죄에 빠진 인간을 구원하시려고 십자가에 못 박혀 죽어 우리 죄를 다 씻으셨습니다. 그런데 교회에 다니며 예수님을 믿는다고 하면서도 여전히 죄인으로 남아 있는 사람이 얼마나 많은지 모릅니다. 하나님이 우리 죄를 눈처럼 희게 씻어 놓으셨는데 어떻게 더러운 죄인으로 남아 있습니까? 왜 하나님의 말씀과 상관없이 죄를 용서해 달라고 울면서 기도하고 있습니까?

　하나님의 말씀에 인간의 생각을 보태지 말고 순수하게 말씀 그대로 믿읍시다. '나는 죄를 지었으니까 죄인이야.' 이런 소리가 마음에서 들려도 그것은 우리 생각입니다. 하나님은 의롭다고 하셨습니다. 하나님이 의롭다고 하시면 의로운 것이 맞습니다. 하나님이 우리 죄를 다 씻었다고 하시면 모든 죄가 씻어졌습니다.

　교회에 다니면서 죄인이라고 하는 것이 겸손한 것이 아닙니다. 그렇게 말하는 사람은 예수님을 무시하는 사람입니다. 지옥에 갈 수밖에 없습니다. 하나님이 죄를 다 사해 놓으셨다는데 죄인이라고 하면 지옥에 가야 합니다. 하나님의 은혜를 짓밟고 어떻게 천국에 갑니까? 기도하거나 헌금하거나 성경을 읽는 것이 하나님을 믿는 것이 아닙니다. 하나님의 말씀을 그대로 받아들이는 것이 하나님을 믿는 것입니다.

새벽마다 교회에 가서 죄를 고백하고 용서를 빌었지만

저는 교회에 다니면서도 죄를 정말 많이 지었습니다. 1962년 제가 열아홉 살이었을 때, 새벽마다 교회에 일찍 가서 사람들이 오기 전에 예배당 마루에 무릎을 꿇고 지은 죄를 고백하고 용서를 빌었습니다. 한참 기도한 뒤 새벽기도회를 알리는 예배당 종을 치고 목사님을 깨우러 갔습니다. 당시 목사님 집에는 자명종이 없었습니다.

"목사님, 목사님, 새벽기도 시간입니다."

"어어, 박 선생! 새벽기도 시간이야?"

새벽기도회를 마치고 사람들이 다 돌아가면 혼자 남아서 다시 죄를 고백했습니다. 텅 빈 예배당에서 무릎을 꿇고 지은 죄를 하나하나 고백했습니다. 속으로 기도하면 잠이 오기 때문에 소리 내서 기도하는데, 죄 지은 것을 누가 들으면 창피하니까 예배당에 사람이 없는지 확인하고 기도했습니다.

지은 죄를 용서해 달라고 간절히 기도했습니다. 그렇게 기도하고 나도 '내 죄가 용서되었구나'라는 마음은 들지 않았습니다. 그래서 지은 죄를 한 번 기도하면 끝나는 것이 아니라 같은 죄를 몇 번이고 용서해 달라고 기도했습니다. 그래도 죄가 씻어졌다는 마음은 들지 않았습니다. 마음에 늘 죄가 있어서 괴로웠습니다. 죄에서 벗어날 수 없었습니다.

그렇게 지내다가 성경을 읽기 시작했습니다. 성경에 죄가 사해지는 길이 분명히 기록되어 있었습니다. 그 길을 몰랐을 때에는 죄 때문에 괴로워했지만, 성경에서 그 길을 발견한 뒤로는 '예수님이 십자가에서 나를 위해 피를 흘리셔서 내 죄를 씻으셨다. 내 죄가 다 씻어져서 내가 의로운 것이 맞다.' 하고 성경을 그대로 믿었습니다. 늘 지고 있던 무거운 죄의 짐을 벗었습니다. 죄에서 벗어났습니다. 그때부터 내 삶이 변하기 시작했습니다.

그 후로도 성경을 많이 읽었습니다. 신구약 성경을 한 번 읽고, 두 번 읽고, 열 번 읽고, 스무 번 읽고, 서른 번 읽고…. 백 번 읽을 때까지 세다가 그 후로는 그만두었습니다. 읽으면 읽을수록 '성경은 내 생각과 다르구나. 내 생각이 틀렸구나.'라는 마음이 들었습니다. 우리가 성경을 잘 모를 때에는 죄인이라고 합니다. 죄를 지었으니까 죄인이라고 하는 것이 당연한 것 같습니다. 그러나 성경을 읽으면 마음이 달라집니다. 성경은 우리를 보고 죄인이라고 하지 않습니다. 예수님이 십자가에 못 박혀 죽으셨기 때문입니다.

"그리스도께서 장래 좋은 일의 대제사장으로 오사 손으로 짓지 아니한, 곧 이 창조에 속하지 아니한 더 크고 온전한 장막으로 말미암아 염소와 송아지의 피로 아니하고 오직 자기 피로 영원한 속죄를 이루사 단번에 성소에 들어가셨느니라."(히 9:11~12)

하늘나라는 죄를 적게 지은 사람이 가는 것이 아닙니다. 죄를 많이 지었거나 적게 지었거나 상관없이 하나님의 말씀을 믿음으로 받아들인 사람이 갑니다. 박옥수 목사는 틀림없이 하늘나라에 갑니다. 저는 도둑질도 많이 하고 거짓말도 많이 해서 늘 죄인이라고 생각했습니다. 새벽마다 교회에 가서 죄를 용서해 달라고 기도했습니다. 그런데 성경에서 예수님이 흘리신 피로 내 죄가 다 씻어진 것을 보았습니다. 내 죄가 다 씻어졌다고 믿었습니다. 저는 성경에 기록된 말씀대로 죄가 없습니다. 그래서 하늘나라에 갑니다.

오늘 이 자리에 참석한 여러분 모두에게 하나님은 말씀하십니다. "내가 너희 죄를 영원히 사했다." 복잡한 생각들을 다 떨쳐버리고 하나님의 말씀을 그대로 받아들이면 됩니다. 중요한 것은 내가 얼마나 많은 죄를 지었느냐가 아닙니다. 하나님이 뭐라고 말씀하셨느냐가 중요합니다. 내가 지은 죄를 예수님이 다 씻으셨느냐가 중요합니다. 하나님이 우리를 의롭다고 하셨습니다. 정말 기쁘고 감사한데 우리 다 함께 일어나서 춤을 한번 출까요? 의자 간격이 좁아서 다칠 것 같아 안 되겠습니다.

도와주는 사람이 없었지만 하나님이 나를 먹이셨다

제가 죄 사함을 받고 난 뒤 하나님이 저에게 정말 많은 일을 하셨습니다. 제가 선교학교에서 훈련을 받은 뒤 '압곡동'이라는 동네에 갔습니다. 경남 합천군 봉산면 압곡동, 이름만 들어도 산골 마을 느낌이 납니다. 선교학생 시절에 한번 들러서 전도한 적이 있던, 산골짜기에 있는 정말 가난한 동네였습니다. 논이 없고 밭만 있어서 동네 사람들도 먹고사는 것이 힘들었습니다. 제가 그 동네에 갔을 때 동네 어른이 저에게 이렇게 말했습니다.

"선생들이 전도하는 것은 안 말린다. 얼마든지 해라. 그러나 식사 시간에는 전도하러 가지 마라. 식사하다가 당신들이 온다고 해서 아무도 밥을 먹으라는 소리 안 할 거다. 혹시 누가 밥을 먹으라고 해서 한 숟가락이라도 먹으면 당신들은 이 동네에서 쫓겨나야 한다."

2~3일치 먹을 양식만 가지고 그 동네에 가서 9개월을 살았습니다. 제가 갔을 때 장마가 시작되었습니다. 보통 보리 추수가 끝나고 장마가 오는데 그 해에는 보리를 추수하기 전에 장마가 왔습니다. 아주 가난한 동네에 먹을 것이 없으니까 사람들이 가위를 가지고 보리밭에 가서 이삭을 잘라, 불을 때서 말리고 물레방아로 찧어서 먹으며 어렵게 살았습니다. 그러니 마을 사람들이 저를 도와준다는 것은 생각도 할 수 없었습니다. 그곳에서 지내는 동안 하나님이 저를 먹이고 입히고 돌보셨습니다.

한번은 장날이 되어 장에 가서 전도하려고 산길을 걸어 장으로 가고 있었습니다. 그런데 가는 길에 소변이 마려웠습니다. 깊은 산골에 무슨 화장실이 있습니까? 길에서 조금 벗어나 사람이 볼 수 없는 곳으로 내려갔습니다. 거기에 산딸기가 얼마나 많은지 농사를 지어놓은 것처럼 많았습니다. 하나님이 얼마나 감사하던지요. 산딸기를 다 따먹고 나니 장이 파할 무렵이 되어서 그냥 집으로 돌아왔습니다. 압곡동에서 아무도 저를 도와주는 사람이 없었지만 하나님이 저를 먹이셨습니다.

9개월 후 압곡동을 떠나 거창 장팔리라는 곳으로 가면서 압곡동에서 지냈던 날들을 뒤돌아보며 정말 감사했습니다. '내가 여기 있다가는 굶어죽겠다'는 생각이 들었다면 그 동네에 있지 못했을 것입니다. 그곳에서 지내는 동안 하나님과 정말 가까웠기에, 저는 한평생 압곡동에서 보낸 날들을 잊지 못합니다.

절대로 사람 바라보지 말고 하나님만 의지하자

제가 압곡동에서 거창 장팔리로 옮겨 장팔리교회에서 지낼 때였습니다. 어느 금요일에 선교 본부에서 연락이 왔습니다. 월요일에 대구에 있는 선교 본부로 오라고 했습니다. 거창에서 대구까지 80km쯤 되는데, 당시에는 버스로 서너 시간이 걸렸습니다. 그때 저에게는 대구에 갈 차비가 없어서 하나님께 차비를 달라고 기도했습니다. 주일 오전이 되어 20~30명의 성도들이 교회에 와서 함께 예배를 드렸습니다. 제가 말씀을 전한 뒤, 월요일에는 제가 대구에 가기 때문에 교회에 없다고 광고 시간에 알렸습니다. 매일 교회에서 모임을 가졌기 때문입니다.

"저는 월요일에 대구에 갑니다."

성도들이 그 이야기를 듣고 제가 교회에 없다는 사실도 알지만, 그 가운데 누군가 '전도사님이 대구에 가는데 차비는 있나?' 하고 저에게 여비를 줄 것을 기대했습니다. 하지만 아무도 주지 않았습니다. 저녁 예배 때에도 제가 대구에 간다고 광고했지만 여비를 주는 사람은 없었습니다.

이튿날 아침, 대구로 가기 위해 가방을 들고 교회를 나섰습니다. 교회에서 읍내에 있는 버스 정류장까지 거리가 3km쯤 되었습니다. 정류장으로 가는 길가에 교회 재정을 맡은 집사님이 살고 있었습니다. 그분은 고등학교 교사고 부인은 문방구를 운영해 그 집에는 돈이 어느 정도는 늘 있었습니다. 대구에 갈 차비가 없으니까 그 집이 자꾸 생각났습니다. '그 집에 들어갈까?' 마음에서 '그 집에 들어가는 것은 돈을 달라고 하는 이야기와 같아. 네가 하나님을 믿으면서 왜 사람을 바라보냐?'라는 생각이 들었습니다. 그 집에 들어가는 것은 용납이 되지 않았습니다.

그때 어떤 생각이 떠올랐습니다. 한번은 제가 그 시각에 그 집 앞을 지나가는데, 집사님이 문방구 안에서 세수를 하고 문을 열고 나와서 세수한 물을 집 앞 비포장도로에 뿌리다가 저를 보고 인사를 했습니다.

"전도사님, 어디 가세요?"

"아, 예."

"들어와서 커피 한 잔 하고 가시죠."

문방구에 들어가지는 않지만, 제가 그 집 앞을 지나갈 때 마침 집사님이 세숫물을 버리러 나왔다가 저를 보는 광경이 상상되었습니다.

"어디 가세요? 참, 오늘 대구 가시죠? 들어와서 커피 한 잔 하고 가시죠."

"예."

"그런데 대구 가는 여비는 있습니까? 없으면 말하지 그랬어요."

그런 상상을 하다가, 생각에서 잠시 내 몸 밖으로 나와서 그러고 있는 저를 보니 너무 초라했습니다. '내가 돈을 벌지 않고 평생 복음을 전하며 살다 보면 어려운 형편을 자주 만날 텐데, 그때마다 지금처럼 누가 나에게 돈을 주기를 바란다면 너무 비참하다.' 그날 마음을 정했습니다. '절대로 사람 바라보지 말자. 하나님만 의지하자.' 차비가 없으면 대구에 안 가겠다고 마음먹었습니다. 그래서 그 집 앞으로 지나가지 않고 일부러 골목길로 둘러서 그 집을 지나갔습니다.

골목길에서 큰길로 다시 나오니 대구 가는 버스가 정류장에서 내가 있는 쪽으로 천천히 오고 있었습니다. '저 버스를 타야 하는데 돈은 없고, 어떡하지? 그냥 손을 들어 차를 세울까?' 하지만 손을 들 수 없었습니다. 그런데 버스가 내 앞에 서더니 문이 열렸습니다. 주위를 둘러보니 아무도 없어서 나보고 타라는 이야기인가 보다 하고 올라탔습니다.

버스에 올라타자, 제가 대구에서 지낼 때 알고 지내던 부인 자매님이 버스에 타고 있었습니다. 저를 보고 손짓하며 "박 전도사, 빨리 와!" 하며 옆에 앉으라고 했습니다. 버스가 시내를 벗어나 달리기 시작하자 안내양이 버스비를 받으려고 버스표를 들고 저에게 다가왔습니다. 제가 옆에 있는 자매님에게 말했습니다.

"자매님, 저 차비 없어요."

자매님은 다 안다고 하며 버스비를 내주었습니다. 그리고 그날 있었던 일을 이야기해 주었습니다.

거창에서 30리쯤 떨어진 '마리'라는 곳이 자매님의 고향이었습니다. 자매님은 대구에서 삯바느질을 하며 살고, 고향에는 친정어머니 혼자 계셔서 어머니를 뵈러 1년에 몇 번 고향을 방문한다고 했습니다. 고향에 갈 때마다 시골에는 돈이 귀하기 때문에 대구 가는 버스비를 빼고는 지갑에 있는 돈을 다 어머니께 드렸습니다. 그날도 대구로 가기 위해 어머니와 함께 버스 정류소에 서 있다가 버스가 오는 것을 보고 지갑에서 돈을 꺼내 어머니에게 드리려고 했습니다. 그런데 이상하게 돈을 자꾸 지갑에 밀어넣었습니다. 어머니는 딸이 돈을 줄 줄로 알았다가 주지 않고 그냥 버스를 타자 딸을 멍하니 쳐다보았습니다.

자매님이 버스 안에서 '왜 어머니에게 돈을 드리지 않고 지갑에 다시 넣었지? 내가 나이가 들면서 인색해졌나?'라고 생각하고 있는데, 버스가 거창에 도착해 정류장에 들어갔다가 다시 나와서 대구로 향했습니다. 그때 앞에서 제가 가방을 들고 걸어오고 있는 것이 보였습니다. '아, 박 전도사가 대구에 가는구나. 하나님이 박 전도사 여비 주라고 지갑에 돈을 밀어넣게 하셨구나.' 하고는, 운전사에게 "저기 같이 갈 사람이 있어요. 차를 세워 주세요."라고 했습니다. 그래서 버스가 제 앞에 서고 문이 열렸던 것입니다.

대구에 도착하자 자매님이 자기 집으로 가자고 했습니다. 따라가니 집에서 점심을 잘 차려 주어 맛있게 먹었습니다. 밥을 다 먹자 조금만 기다리라고 하고 밖으로 나가더니, 잠시 후 동전을 한 주먹 쥐고 와서 얼마나 고생이 많냐고 하며 제 주머니에 넣어 주었습니다. 저 주려고 빌려온 것 같았습니다. 감사하다고 인사하고 그 집을 나왔습니다.

그날 밤 선교 본부에서 잠을 자려고 누워 그날 있었던 일들을 생각해 보았습니다. 만일 아침에 내가 재정 맡은 집사님 집에 들어갔으면 그 버스는 그냥 지나갔을 것입니다. 하나님이 그 부인 자매님을 통해 내 여비를 준비해 놓으셨는데, 저는 '에이, 기도해도 하나님이 안 들으시네.' 했을 것입니다. 하나님이 내 기도를 들어주신 것이 너무 감사했습니다.

그 후로도 저는 필요한 것이 있을 때마다 하나님만 바라보았고, 하나님이 채워 주셨습니다. 제가 어려울 때가 많았지만, 구원받고 수십 년이 흐른 지금까지 단 한 번도 사람에게 도움을 구하지 않았습니다. 언제나 하나님이 놀랍게 도우셨습니다.

이러다 아이가 나오면 어떡하지?

그 후 제가 대구로 가서 복음을 전할 때 제 일생에서 잊을 수 없는 어려움을 만났습니다. 그때 아내는 만삭이었고, 먹을 양식도 떨어지고 돈도 없었습니다. 저녁 무렵에 어떤 분이 먼 도시에서 말씀을 들으러 찾아왔습니다. 방에서 저는 그분에게 말씀을 전하고, 제 아내는 한쪽 구석 이불을 쌓아놓은 데에 기대어 앉아 있었습니다. 밤 10시쯤 되어 이야기를 마쳤습니다. 그분이 죄 문제를 해결하려고 먼 곳에서 찾아왔다가 그날 죄 사함을 받고 정말 행복해했습니다. 제 마음에도 기쁨이 가득했습니다. 그분을 배웅하고 방으로 들어왔는데 아내가 화를 냈습니다.

"복음을 간단히 전하지, 쓸데없이 무슨 말을 그렇게 많이 해요?"

저도 화가 났습니다. '한 사람이 구원을 받았는데 왜 화를 내지? 그렇게 복음을 잘 전하면 자기가 하지!' 그런데 알고 보니 아내가 진통이 시작되었던 것입니다. 통증은 찾아오는데 소리를 내면 복음 전하는 것이 중단될 것 같으니까 이를 악물고 참고 있었습니다. 그 사정을 모르는 제가 아내 눈에는 할 소리 안 할 소리 다 하고 있는 것처럼 보였던 것입니다. 제가 아내에게 미안하다고 했습니다.

밤에 진통이 시작되었는데, 그날 우리는 점심도 굶고 저녁도 굶었습니다. 아이를 낳으려면 병원에 가야 하는데 돈도 없었습니다. 하나님께 기도만 했습니다. 아내가 아프다고 소리를 질렀습니다. 제 마음이 타들어 갔습니다. '하나님! 어떻게 해야 합니까?' 우리 교회 성도에게 전화하면 도움을 받을 수 있지만 하나님을 제쳐두고 인간을 의지하고 싶지 않았습니다.

밤 한 시가 되고, 두 시가 되고…. 제 일생에서 가장 어려운 밤이었습니다. 진통에는 주기가 있는데 아내의 진통 주기가 점점 빨라졌습니다. 아이가 나올 때가 다 되었다는 신호여서, 아이가 나오면 어떻게 해야 할지 몰라 제 속이 시커멓게 탔습니다. '이러다 아이가 나오면 어떡하지?' 진통이 심한 아내 옆에서 기도할 틈도 없어서 마음으로 간구했습니다. '하아! 하나님, 도와주십시오!'

날이 서서히 밝아왔습니다. 날이 밝으니까 정말 좋았습니다. 아침 일곱 시쯤 되었는데 어떤 부인이 우리 집에 찾아왔습니다. 우리 교회에 나온 지 얼마 안 된 부인으로, 제 아내를 만나고 싶어서 우리 집을 물어물어 찾아왔다고 했습니다. 그 자매님이 방에 들어와서 제 아내가 진통하는 것을 보고는 깜짝 놀라며 말했습니다. 세월이 오래 흘렀는데도 그때 그 자매님이 한 말이 지금도 생생하게 기억납니다.

"사모님, 저 부산 일신병원에서 근무했습니다. 조산원 자격증이 있습니다."

일신병원은 부산에서 산부인과로 유명한 병원입니다. 자매님이 하는 이야기를 듣는데 눈물이 났습니다. '하나님이 이렇게 준비해 주셨구나!' 자매님이 그렇게 말하고는 달리기 선수같이 뛰어가더니, 출산을 돕는 도구들이 들어 있는 큰 가방을 들고 왔습니다. 자매님이 오고 얼마 되지 않아 아들이 태어났습니다.

자매님이 산모를 먹이려고 밥을 하러 부엌에 가서 보니 아무것도 없으니까 다시 뛰어가서 쌀, 미역, 소고기를 사왔습니다. 아침 10시쯤 되어 우리가 아침을 먹었습니다.

1962년에 제가 죄 사함을 받은 뒤 누구에게도 도움을 구한 적이 없습니다. 어려울 때도 있고 힘들 때도 있었지만 하나님만 바라보았습니다. 너무 어려웠던 때도 있었지만 하나님이 저를 정확히 지키고 도우셨습니다. 하나님은 살아 계십니다. 하나님을 의지하는 사람을 절대로 실망시키시지 않습니다. 하나님이 도우시는 것보다 더 좋은 도움은 세상 어디에도 없습니다.

모든 믿는 자에게 미치는 하나님의 의

하나님이 우리를 사랑하셔서 우리 모든 죄를 예수님의 피로 다 씻었습니다.

"그리스도께서 장래 좋은 일의 대제사장으로 오사 손으로 짓지 아니한, 곧 이 창조에 속하지 아니한 더 크고 온전한 장막으로 말미암아 염소와 송아지의 피로 아니하고 오직 자기 피로 영원한 속죄를 이루사 단번에 성소에 들어가셨느니라."(히 9:11~12)

예수님이 영원한 속죄를 이루어 우리 죄를 영원히 사했습니다. 예수님의 죽음은 우리 죄를 씻기 위한 것으로, 예수님의 죽음으로 우리 죄가 영원히 씻어져서 우리가 거룩해졌습니다.

"이 뜻을 좇아 예수 그리스도의 몸을 단번에 드리심으로 말미암아 우리가 거룩함을 얻었노라."(히 10:10)

예수님은 구약 시대에 제사장들이 자주 제사를 드려야 했기에 늘 서서 섬긴 것과 달리, 영원한 속죄를 이루어 다시 제사 드릴 것이 없기 때문에 하나님 우편에 앉으셨습니다.

"제사장마다 매일 서서 섬기며 자주 같은 제사를 드리되 이 제사는 언제든지 죄를 없게 하지 못하거니와 오직 그리스도는 죄를 위하여 한 영원한 제사를 드리시고 하나님 우편에 앉으사"(히 10:11~12)

히브리서 10장 14절을 다 같이 읽어봅시다.

"저가 한 제물로 거룩하게 된 자들을 영원히 온전케 하셨느니라."(히 10:14)

정말 놀라운 말씀입니다. 하나님이 예수님의 죽음으로 우리를 영원히 온전케 하셨습니다. 말할 수 없이 감사합니다. 저는 제가 구원받은 1962년 10월 7일을 잊지 못합니다. 예수님의 피로 내 죄가 사해졌다는 사실을 처음 믿은 그날이 얼마나 감사하고 소중한지 모릅니다.

누누이 이야기하지만, 우리가 율법을 지켜서 의롭게 되는 것이 아닙니다.

"우리가 알거니와 무릇 율법이 말하는 바는 율법 아래 있는 자들에게 말하는 것이니, 이는 모든 입을 막고 온 세상으로 하나님의 심판 아래 있게 하려 함이니라."(롬 3:19)

율법은 하나님의 법을 어기고 죄를 지은 사람들로 하여금 할 말이 없게 만들고, 모든 사람을 하나님의 심판 아래 있게 합니다. 인간 가운데 율법을 지킬 수 있는 사람은 단 한 사람도 없습니다.

"그러므로 율법의 행위로 그의 앞에 의롭다 하심을 얻을 육체가 없나니 율법으로는 죄를 깨달음이니라."(롬 3:20)

이 말씀대로 율법의 목적은 우리가 지켜서 의롭게 되는 것이 아니라, 우리가 죄인이라는 사실을 깨닫게 하는 것입니다. 십계명을 지키려고 애를 쓰든 안 쓰든 율법을 지켜서 하나님 앞에서 의롭다 하심을 얻을 사람은 없습니다.

"이제는 율법 외에 하나님의 한 의가 나타났으니 율법과 선지자들에게 증거를 받은 것이라. 곧 예수 그리스도를 믿음으로 말미암아 모든 믿는 자에게 미치는 하나님의 의니 차별이 없느니라."(롬 3:21~22)

율법을 지켜서 의롭게 되는 것이 아니라, 다른 하나님의 의가 나타났습니다. 이 의는 예수님을 믿는 모든 자에게 미쳐지는 하나님의 의입니다. 우리가 율법을 지켜서는 절대로 의롭게 될 수 없기 때문에 그 길이 아닌 다른 길에서 의를 얻어야 합니다. 바로 예수님을 믿음으로 얻는 의입니다. 예수님이 십자가에 못 박혀 죽음으로 우리 죄를 다 씻으신 것을 믿어 의롭게 되는 길입니다.

예수님이 우리 죄를 다 씻었다는 사실을 믿는 사람에게 하나님의 의가 미쳐집니다. 이 의는 우리가 선을 행하거나 회개해서 임한 의가 아닙니다. 우리를 의롭게 하신 하나님을 믿는 믿음으로 우리에게 임한 의입니다.

"그리스도 예수 안에 있는 구속으로 말미암아 하나님의 은혜로 값없이 의롭다 하심을 얻은 자 되었느니라."(롬 3:24)

하나님은 우리를 '의롭다' 하셨고, 우리는 의롭다 하심을 얻은 자가 되었습니다. 하나님이 왜 우리를 보고 의롭다고 하셨습니까? 예수님이 이루신 구속救贖 때문입니다. 예수님이 우리 죄 값을 다 지불하고 우리를 죄에서 건져 주셨습니다. 예수님이 이루신 일을 보고 하나님이 우리를 의롭다고 하셨습니다.

하나님은 우리 모두에게 의롭다고 하셨다
성경은 우리 죄가 씻어진 사실을 곳곳에서 아주 자세히 이야기하고 있습니다. 레위기에 나오는 속죄제사에서 죄가 씻어지는 길을 정확히 알 수 있고, 신약 성경에서 예수님이 어떻게 영원한 속죄를 이루셨는지 알 수 있습니다. 특별히 히브리서에서 그 부분을 자세히 이야기하고 있습니다.

"그리스도께서 장래 좋은 일의 대제사장으로 오사 손으로 짓지 아니한, 곧 이 창조에 속하지 아니한 더 크고 온전한 장막으로 말미암아 염소와 송아지의 피로 아니하고 오직 자기 피로 영원한 속죄를 이루사 단번에 성소에 들어가셨느니라."(히 9:11~12)

다시 이야기하지만, 예수님은 십자가에서 흘린 피를 이 땅에 있는 성전에 뿌리시지 않았습니다. 그 피를 하늘나라 성전에 뿌리셨습니다. 영원한 하늘나라에서는 모든 것이 영원하기 때문에 예수님이 우리 죄를 사하신 것이 영원히 있습니다. 우리 죄가 영원히 씻어졌습니다. 영원한 속죄를 이루었기 때문에 두 번 제사 드릴 것이 없습니다. 예수님이 단 한 번 성소에 들어가심으로 우리 죄를 씻는 일이 끝났습니다.

아무리 많이 기도하고, 아무리 많이 헌금하고, 아무리 많이 봉사해도 자신이 죄인이라고 하는 사람은 하나님을 믿지 않는 사람입니다. 여러분은 자신이 죄인이라고 하지 마십시오. 하나님이 "그렇게 죄인이 좋냐? 그러면 너는 죄인으로 있어라." 하시면 어떻게 합니까? 큰일 납니다. 물론 하나님이 결코 그런 말씀을 하시지 않지만, 절대로 죄인이라고 하지 마십시오.

저는 이번 집회 기간에 다른 이야기보다 예수님이 십자가에 못 박혀 죽으심으로 우리 죄가 씻어졌다는 이야기를 하고 싶었습니다. 예수님이 그냥 죽으신 것이 아니라 우리 죄를 대신 짊어지고 죽으셨기 때문에 우리 죄가 씻어졌다고 성경은 분명히 말합니다. 여러분이 죄를 많이 지었거나 유난히 악하게 살았다면 죄인이라는 생각이 들 때가 있을 것입니다. 그것은 여러분 생각입니다. 하나님은 의롭다고 하셨습니다. 그러면 어떤 죄를 지었을지라도 우리가 의롭습니다.

하나님은 우리 모두에게 의롭다고 하셨습니다. 그것을 믿는 사람이 하나님을 믿는 사람입니다. 이제 여러분은 다 의롭습니까? 아직도 죄인이라고 하는 사람이 있습니까? 우리가 다 의롭습니다. 제가 구원받은 뒤 죄가 다 씻어져서 죄가 없다고 하자 누님이 저에게 교만하다고 했습니다.

"옥수야, 네가 너무 교만하다. 목사님도 죄인이라고 하고 장로님도 죄인이라고 하는데 네가 의롭다고 하는 것이 말이 되냐?"

목사님은 죄인이라고 하고 장로님도 죄인이라고 하지만 하나님은 의롭다고 하셨습니다.

오늘 여러분 모두에게 하나님은 의롭다고 말씀하셨습니다. 죄를 짓지 않은 것이 아니지만 지은 죄가 예수님의 피로 다 씻어졌습니다. 예수님이 여러분을 의롭게 해놓으셨기 때문에 하나님이 보실 때 여러분이 의롭습니다. 여러분 마음에서 죄가 기억날 수 있지만 그 죄도 예수님의 피로 사해졌습니다. 그렇게 믿는 것이 하나님을 믿는 것입니다. 하나님이 의롭다고 하시는데 "아닙니다. 나는 죄인입니다." 하는 것은 하나님을 믿는 것이 아니라 자기를 믿는 것입니다. 그 사람에게 "죄인이면 지옥에 가라." 하면 할 말이 없습니다. 물론 하나님이 그렇게 말씀하시지 않습니다.

자기 생각 말고 하나님의 말씀을 믿으십시오.

"하나님, 나같이 더러운 자를 의롭게 하셨습니까? 감사합니다."

이렇게 말씀하십시오. 그리고 마음으로 하나님과 함께하십시오. 여러분이 하나님과 한마음이 되면 여러분 삶 속에 하나님이 일하시는 것을 조금씩 보고 경험할 수 있습니다. 그렇게 10년이 지나고 20년이 지나면 여러분 모두 하나님이 귀히 쓰시는 일꾼이 될 것입니다.

08

영원히 온전케 하셨느니라

8장

영원히
온전케 하셨느니라

히브리서 10장 14절 말씀을 읽겠습니다.

"저가 한 제물로 거룩하게 된 자들을 영원히 온전케 하셨느니라."(히 10:14)

저에게는 이 성경 구절과 관련된 큰 간증이 있습니다. 몇 년 전에 그라시아스합창단과 함께 크리스마스 칸타타 순회공연을 다닐 때의 일입니다. 제가 노래하는 것은 아니고, 저는 합창단과 함께 다니며 중간에 성탄 메시지를 전했습니다. 순회공연 기간에 하루는 경남 진주에 갔습니다. 그날 공연을 마치고 저는 기쁜소식진주교회에서 자기로 했습니다.

진주에 갔을 때 문득 어떤 일이 떠올랐습니다. 진주에서 조금 떨어진 곳에 합천이 있고, 그곳에 우리 선교회 산하 교회가 있습니다. 그 교회 성도들이 저에게 "목사님, 합천에 한번 오세요."라고 이따금 이야기했던 것이 생각났습니다. 진주에서 그렇게 가까운 거리는 아니지만, 그때가 아니면 합천 교회에 들를 기회를 갖기 쉽지 않겠다고 여겨져 그날 밤에 합천 교회에 가서 자기로 했습니다.

하나님이 온전하다고 하시면 온전한 게 맞지요?

크리스마스 칸타타 공연을 마치고 사람들과 인사도 나누고 하다 보니 밤 10시가 넘었습니다. 그때 합천으로 출발해서 한 시간 가까이 걸려 교회에 도착했습니다. 밤이 늦었지만 교회에 형제 자매들이 모여, 제가 간단하게 말씀을 전했습니다. 다음날 새벽에 한 번 더 말씀을 전하겠다고 이야기하고 모임을 마치려고 하는데, 한 부인 자매가 울면서 말했습니다.

"목사님, 저는 남편과 도저히 못 살겠어요."

두 사람이 교회에서 만나 결혼했고, 결혼했을 당시에는 별 문제가 없었습니다. 그런데 결혼하고 3년이 지난 뒤부터 남편이 술을 마시기 시작했습니다. 그냥 술을 마시는 정도가 아니라 점점 술에 빠져 살았습니다. 매일 술에 취해 있으니까 대화도 되지 않고, 이 부인이 너무 고통스러워서 남편과 더는 살 수 없다고 했습니다.

"목사님, 제가 직장에 갔다가 집에 돌아오면 남편이 마시고 놔둔 술병들이 여기저기 널려 있어요. 마루에도 있고, 거실에도 있고, 안방에도 있고…. 제가 매일 그 술병들을 치우면서 너무 괴로워요."

남편이 술에 빠져 지낸 20년 동안 이 부인은 적막한 어둠 속에서 살았다며, 더 이상은 그렇게 살 수 없다고 했습니다. 제가 그 부인 자매에게 말했습니다.

"자매님, 내일 새벽 모임 시간에 남편을 데리고 와요."

다음날 새벽 모임 때 자매님이 남편을 데리고 왔습니다. 이 사람은 일어나면 냉장고 문을 열고 술병을 꺼내서 사발에 부어 마시면서 하루 일과가 시작됩니다. 그날 새벽에도 술을 한 사발 마시고 와서 입에서 술냄새가 풀풀 났습니다.

제가 그 사람에게 "당신, 술 마시지 마요. 하나님을 믿는다는 사람이 그렇게 술을 마시면 어떡해요?"라고 말하면 그 사람이 술을 마시지 않겠습니까? 그렇게 말해 봐야 아무 소용이 없습니다. 그 정도 술에 빠져 살았으면, 자기가 술을 마시고 싶어서 마신다기보다 술을 마시지 않고는 견딜 수 없는 정도가 되었습니다. 아무리 안 먹으려고 결심해도 술을 마시고 싶은 욕구를 이기지 못합니다. 비록 술에 빠져 있지만 하나님을 믿는 사람이기에 제가 그 남편과 이야기를 시작했습니다.

제가 성경을 펴서 히브리서 10장 14절 말씀을 찾아 읽어 주었습니다.

"저가 한 제물로 거룩하게 된 자들을 영원히 온전케 하셨느니라."
(히 10:14)

그리고 그 남편에게 물었습니다.

"형제는 온전해요?"

"안 온전합니다."

20년 동안 술에 빠져서 아내와 대화도 되지 않는 상태로 산 사람이 어떻게 온전하다고 하겠습니까? 제가 그 남편에게 히브리서 10장 14절을 다시 읽어보라고 했습니다.

"저가 한 제물로 거룩하게 된 자들을 영원히 온전케 하셨느니라." (히 10:14)

"성경에는 뭐라고 되어 있어요?"

"예수님이 우리를 영원히 온전케 하셨다고 했습니다."

"그러면 형제가 온전해요?"

"안 온전합니다."

"성경에서는 뭐라고 했어요?"

"온전하다고 했습니다."

"그러면 형제가 온전해요?"

"안 온전합니다."

"성경이 옳아요, 형제 생각이 옳아요?"

하나님을 믿기 때문에 성경이 틀렸고 자기 생각이 옳다고는 말하지 못했습니다.

"성경이 옳습니다."

"성경에는 뭐라고 되어 있어요?"

"제가 온전하다고 되어 있습니다."

"그럼 형제가 온전해요?"

"안 온전합니다."

성경을 놓고 20분 가까이 실랑이를 벌였습니다.

"성경에서 하나님이 예수님의 죽음으로 형제를 온전케 하셨다고 했잖아요. 맞아요?"

"예, 맞습니다."

"하나님이 온전하다고 하시면 온전한 거지, 왜 하나님의 말씀과 다르게 형제가 온전하지 않다고 해요?"

"제가 온전하지 않게 살고 있지 않습니까?"

"아니, 형제가 어떻게 살았든 하나님이 예수님의 죽음으로 형제를 온전케 하셨잖아요. 성경이 그렇게 말하잖아요."

"그렇습니다."

"하나님이 뭐라고 하셨어요?"

"온전하다고 하셨습니다."

"하나님이 온전하다고 하시면 온전한 게 맞지요?"

"예, 맞습니다."

"그럼 형제가 온전해요?"

"예, 그럼 제가 온전합니다."

한참 실랑이를 벌이다 그 남편이 성경 말씀대로 자신이 온전하다고 받아들였습니다. 옆에 앉아 있던 부인은 제가 남편과 이야기 나누는 것을 눈을 동그랗게 뜨고 보고 있었습니다. 남편이 웃으면서 말했습니다.

"허, 내가 온전하다. 내가 온전해."

그렇게 이야기를 마치고 돌려보냈습니다.

이튿날 그 남편이 일어나 이전처럼 냉장고를 열고 술병을 꺼내 들었습니다. 그런데 술을 마시고 싶은 생각이 들지 않았습니다. 하나님이 이 사람을 온전케 하셨기 때문입니다. 그 후로 술에 손을 대지 않았습니다. 이 사람은 20년을 하루도 빠짐없이 술을 마시고 살았습니다. 술을 마시지 않으면 너무 힘들어서 살 수가 없었습니다. 그런데 그날부터 술을 마시고 싶은 마음이 사라져버렸습니다. 술이 끊어졌습니다.

사람은 바꿀 수 없지만 하나님은 그를 온전케 하셨다
하나님은 살아 계시고, 놀랍게 역사하십니다. 하나님의 말씀이 우리 생각과 달라서 받아들이기 힘들 때가 있습니다. 그러나 믿음으로 받아들이면 그 말씀대로 하나님이 역사하십니다. 우리는 거짓될 때도 있고, 추할 때도 있고, 마음에 방탕한 생각이 가득할 때도 있습니다. 그렇게 사는 우리가 어떻게 온전해집니까? 그러나 성경은 하나님이 우리를 온전케 하셨다고 했습니다.

"저가 한 제물로 거룩하게 된 자들을 영원히 온전케 하셨느니라."
(히 10:14)

우리가 어느 순간 온전한 것이 아닙니다. 1년 동안 온전한 것도 아니고, 10년 동안 온전한 것도 아니고, 한평생 온전한 것도 아닙니다. 영원히 온전케 되었습니다. 하나님이 예수님의 죽음으로 우리를 영원히 온전케 하셨습니다. 이 말씀이 얼마나 놀랍습니까!

20년을 술에 빠져 산 형제는 밥을 먹지 않고 술만 마셨습니다. 그렇게 살던 형제가 하나님이 역사하시니까 술이 싫어졌습니다. 제가 그 형제에게 연락을 했습니다.

"형제, 서울에 올라와서 신학교에 들어와라."

형제 부부가 집을 정리하고 신학교에 들어와서 신앙을 배우고 훈련을 받았습니다. 그 아내가 말할 수 없이 기뻐하고 감사해했습니다. 형제는 20년 동안 술만 마시고 지낸 사람이라 다른 신학생보다 말하는 것도 서툴고 부족한 것이 많았습니다. 하지만 하나님이 온전케 하셨기 때문에 아무 문제가 되지 않았습니다. 신학교를 마치고 전도사가 되어 작은 교회에 파송되었습니다. 그곳에서 복음을 전하며 지내다 지금은 목사가 되어서 부부가 정말 행복하게 지내고 있습니다.

하나님은 우리 능력을 따라 일하시는 것이 아닙니다. 하나님의 능력으로 모든 사람에게 일하십니다. 하나님이 우리를 온전케 하셨다는 것은 그냥 말이 아닙니다. 하나님이 이루신 일입니다. 그 말씀을 마음에 받아들이면 하나님이 이루신 일이 우리 마음에 이루어지고, 우리 삶에 이루어집니다.

놀라운 사실은, 성경 66권에 빽빽하게 기록되어 있는 많은 말씀들이 다 살아 있는 하나님의 말씀입니다. 어떤 말씀이든지 마음에 받아들이면 여러분이 어떤 사람이든지 변합니다. 앞에 이야기한 부인은 결혼하고 23년을 살았는데, 남편이 처음 3년을 빼고 20년 동안 술에 빠져 지내 도저히 같이 살 수 없다고 했습니다. 매일 직장에서 힘들게 일하고 집에 돌아와서 여기저기 널려 있는 술병을 치우는 것이 말할 수 없이 고통스러웠다고 했습니다. 사람은 이 남편을 바꿀 수 없지만 하나님은 그를 온전케 하셨습니다. 앞으로 온전하게 살아야 하는 것이 아니라, 하나님이 예수님의 죽음으로 이미 온전케 하셨습니다.

누구든지 '내가 영원히 거룩하구나. 영원히 온전하구나.' 하고 받아들이기만 하면 됩니다. 우리가 온전하게 되려고 하면 너무 어렵고 불가능하지만 하나님이 이루신 것을 받아들이는 것은 얼마든지 할 수 있습니다. 하나님의 말씀을 받아들이면 어떤 사람이든지 변합니다. 저는 사람들이 하나님의 말씀을 받아들여서 변하는 것을 수없이 보았습니다. 여러분도 술에 빠져 살다가 하나님이 온전케 하셨다는 말씀을 받아들여서 새 삶을 사는 목사님처럼 히브리서 10장 14절 말씀을 받아들이십시오.

"저가 한 제물로 거룩하게 된 자들을 영원히 온전케 하셨느니라."
(히 10:14)

여러분이 자기 자신을 볼 때에는 못나고 부족하고 연약할 것입니다. 그러나 예수님이 십자가에 못 박혀 죽으심으로 하나님이 우리를 온전케 하셨습니다. 하나님이 우리를 온전케 하셨으면 어떤 사람이든지 온전합니다.

요한아, 네가 전갈의 독을 이기기 위해 하나님을 앙망해

우리가 하나님의 말씀을 마음에 받아들이면 성경 말씀 그대로 우리 삶에 나타납니다. 한번은 아프리카의 라이베리아에서 전화가 왔습니다.

"여보세요."

"목사님, 아프리카 라이베리아 선교사입니다."

우리가 전 세계의 청소년들을 위해 IYF라는 청소년 단체를 만들었습니다. IYF에서 하는 일들 가운데 '굿뉴스코'라는 대학생 해외 봉사단이 있습니다. 대학생들이 1년 동안 세계 여러 나라에 가서 활동하는 프로그램입니다.

미국 댈러스에 살던 대학생 최요한이 굿뉴스코 단원이 되어 아프리카 라이베리아에 갔습니다. 그곳에서 하루는 밤에 자는데 누가 바늘로 발을 콱 찔러 "아야!" 하고 깼습니다. 아프리카는 환경도 열악하고 물자도 모자라다 보니, 그날 밤에 아이용 모기장을 치고 잠을 자다가 발이 작은 모기장 밖으로 나갔던 모양입니다. 누가 자기 발을 바늘로 찔렀는지 둘러보았지만 아무도 없어서 그냥 다시 잠을 잤습니다.

아침이 되어, 같이 활동하던 단원에게 전날 밤에 있었던 일을 이야기했습니다.

"야, 어젯밤에 누가 내 발을 바늘로 콱 찌른 것처럼 아파서 깜짝 놀라 깼는데 둘러보니 아무도 없어서 그냥 잤어."

"형, 그거 전갈이 찌른 것 아닐까?"

"야, 웃기지 마. 우리 방에 무슨 전갈이 있어?"

그렇게 이야기하고 평소처럼 지냈습니다. 오후 늦게 이 청년이 속이 울렁거려서 화장실에 가다가 쓰러졌습니다. 다른 단원이 보니, 그 청년이 화장실로 가다가 넘어졌는데 일어나질 않았습니다. 달려가서 보니 대소변을 배설하고 맥이 거의 뛰지 않았습니다. 선교사님이 달려와 그의 얼굴을 때리면서 "요한아! 정신 차려!"라고 소리쳤지만 깨어나지 않았습니다. 급히 차에 태워 병원으로 데려갔는데, 의사가 보더니 고개를 가로저었습니다.

"그냥 데려가세요. 살 수 없어요."

"도와주십시오."

"안 돼요. 데려가요."

"어떻게든 도와주십시오."

"이 청년은 전갈에 쏘였어요. 쏘였을 때 바로 와도 살까 말까인데 늦게 와서 독이 벌써 온 몸에 퍼졌어요."

도와 달라고 애원했지만 병원에서 쫓겨났습니다. 다른 병원에 찾아가 도와 달라고 부탁했지만 처음 병원의 의사와 똑같이 말했습니다.

"전갈에 쏘인 사람을 왜 이제 데려왔어요? 독이 심장까지 퍼져서 곧 심장이 멎을 거예요."

다음 병원에 찾아가서는 사정사정해 최요한을 병실 침대에 뉘였습니다. 얼마 후 최요한의 숨이 멎었습니다. 심폐소생술로 심장이 다시 뛰기는 했지만 죽어가고 있었습니다. 의사는 살아날 가망이 없다고 했습니다. 다급한 상황에서 라이베리아 선교사님이 저에게 전화해 울면서 이야기했습니다.

"목사님, 최요한이가요 죽어가고 있어요. 앞으로 두 시간밖에 못 산대요. 엉엉."

"이 사람아, 울지 말고 침착하게 이야기해 봐. 어떻게 된 거야?"

선교사님이 저에게 상황을 이야기해 주었습니다. 최요한이 전갈에 쏘였고, 그 사실을 모르고 지내다가 쓰러진 후에야 병원에 데려가서 살 길이 없으며, 심장이 자꾸 멎고 있다고 했습니다. 서울에서 라이베리아까지 비행기로 열여덟 시간 정도 걸립니다. 두 시간이면 죽는다고 하니 약을 보낼 수도 없고 의사를 보낼 수도 없었습니다. 제가 이야기했습니다.

"지금 내가 요한이하고 통화할 수 있는가?"

"예."

선교사님이 요한이에게 전화기를 건넸습니다.

"요한아, 박 목사님이야. 전화 받아봐."

제가 최요한 학생에게 이야기했습니다.

"요한아, 내 목소리 들려?"

"예, 목사님…."

"너는 아프리카산 전갈에 쏘여서 죽어가고 있대. 그런데 요한아, 나는 오늘 아침에 성경 이사야 40장 31절을 읽었어. 거기에 '오직 여호와를 앙망하는 자는 새 힘을 얻는다'고 되어 있어. 요한아, 성경은 66권 모두 하나님의 말씀이야. 거짓말이 하나도 없어. 하나님은 절대로 거짓말하시지 않아. 성경에서 여호와를 앙망하면 새 힘을 얻는다고 했어. 요한아, 네가 전갈의 독을 이기려면 힘이 필요해. 네가 여호와를 앙망해서 새 힘이 너에게 들어오면 전갈의 독을 이길 수 있어. 요한아, 네가 전갈의 독을 이기기 위해서 하나님을 앙망해. 하나님을 바라봐. 하나님은 결코 거짓말하시지 않아. 여호와를 앙망하면 새 힘을 준다고 하셨으니까 네가 하나님을 앙망하면 하나님이 새 힘을 주셔. 하나님이 주시는 새 힘이 너에게 들어오면 전갈의 독 그거 아무것도 아냐."

제가 15분 정도 이야기했습니다. 성경은 우리가 하나님을 앙망하면 하나님이 새 힘을 주신다고 했습니다. 그렇다면 요한이가 하나님을 앙망하면 하나님은 약속대로 분명히 새 힘을 주십니다. 하나님이 새 힘을 주시면 전갈의 독이 무슨 문제가 되겠습니까?

"요한아, 하나님을 앙망해."

"예, 목사님…."

"그래, 전화 끊는다. 빨리 일어나."

"예, 목사님...."

전화를 끊었습니다. 바로 미국 댈러스 교회 목사님에게 전화했습니다. 최요한의 부모님에게 아들이 전갈에 쏘인 사실을 이야기하고, 형제 자매들에게 연락해서 최요한을 위해 기도해 달라고 부탁했습니다. 성도들이 모여서 요한이를 위해서 함께 기도했습니다.

의사 선생님, 전갈에 물린 청년에게 기적이 일어났어요!

최요한이 제 이야기를 듣기 전에는 '내가 죽는구나. 몸이 너무 괴로워서 차라리 빨리 죽으면 좋겠다.'라는 마음이 들었답니다. 다만, 라이베리아로 오던 날 댈러스 공항에서 아버지가 자기를 따뜻하게 안아 주었던 기억이 떠오르면서 '마지막으로 아버지의 품에 한 번만 더 안기고 죽으면 좋겠다.'라는 마음이 들었답니다. 그런데 저와 통화한 뒤 하나님을 앙망하면 살겠다는 마음이 들었습니다. 곧 죽을 것이라고 생각했다가, 성경에서 여호와를 앙망하면 새 힘을 얻는다고 했으니까 하나님을 앙망하기 시작했습니다. '하나님, 제가 하나님을 앙망합니다. 저에게 새 힘을 주십시오.' 그러다 잠이 들었습니다.

새벽이 되어, 당직 간호사가 꾸벅꾸벅 졸다가 일어나 '어제 전갈에 쏘인 그 청년 죽었을 거야.' 하고 최요한이 있는 병실로 발걸음을 옮겼습니다. 간호사가 병실에 들어가서는 깜짝 놀랐습니다. 전날 밤에 체온이 18도, 혈압이 20mmHg으로 시체나 다름없었던 청년의 혈압이 올라가고 있었습니다. 간호사가 당직 의사에게 뛰어가 소리 쳤습니다.

"의사 선생님, 전갈에 물린 청년에게 기적이 일어났어요!"

의사가 병실에 가서 보니 정말 혈압이 올라가고 있었습니다.

"간호사, 이 환자에게 무얼 한 거야? 어떻게 저렇게 됐어?"

"전 아무것도 안 했어요."

아침에 최요한이 일어났습니다.

"형, 괜찮아?"

"어, 괜찮아."

"형, 어제 무슨 일이 있었는지 알아? 형이 오줌 싸고 똥 싸고 했어. 내가 수돗물로 씻겨서 병원에 데리고 왔어."

"그랬어?"

죽어야 할 청년이 살아났습니다. 나중에 의사가 최요한에게 찾아와 '청년 병에 대한 기록을 작성해야 하는데 뭐라고 써야 할지 모르겠다'고 했습니다. 최요한이 "하나님이 하셨다고 쓰세요."라고 했습니다.

최요한이 살아났지만 전갈에 쏘인 발은 이미 썩어가고 있었습니다. 그 발도 한두 달 만에 깨끗하게 치료되었습니다. 지금은 결혼해서 세 아이의 아빠가 되었고, 미국에서 IYF를 위해 일하며 행복하게 지내고 있습니다. 생각하면 생각할수록 너무 감사합니다.

성경은 분명히 이야기합니다.

"오직 여호와를 앙망하는 자는 새 힘을 얻으리니 독수리의 날개 치며 올라감 같을 것이요 달음박질하여도 곤비치 아니하겠고 걸어가도 피곤치 아니하리로다."(사 40:31)

하나님이 저에게 비밀리에 말씀하신 것이 아니라 성경에서 온 세상 사람에게 약속하셨습니다. 내가 하나님을 앙망하는데 하나님이 나에게 역사하시지 않으면 하나님은 거짓말쟁이가 됩니다. 우리가 하나님의 약속의 말씀을 믿고 발을 내디디면 하나님은 반드시 역사하십니다. 최요한에게만 역사하시는 것이 아니라, 누구든지 하나님을 앙망하는 자에게 하나님이 똑같이 일하시는 것을 볼 수 있습니다.

저는 1962년에 구원받고 60여 년이 흘렀습니다. 지난 60여 년 동안 하나님이 저 같은 인간에게 일하시는 것을 수없이 보고 또 보았습니다. 여러분에게 문제가 있습니까? 그 문제를 성경 위에 올려놓아 보십시오. 성경에서 뭐라고 말씀하시는지 확인해 보십시오. 그리고 그대로 믿으십시오. 그러면 하나님이 그대로 역사하십니다. 하나님의 말씀은 첫째 살았고, 둘째 역사하는 힘이 있습니다.

"하나님의 말씀은 살았고 운동력이 있어…"(히 4:12)

성경에 많은 말씀들이 있습니다. 어떤 말씀이든지 믿을 때 하나님의 역사가 일어납니다. 안타깝게도 사람들이 사탄에게 속아서 '말이 안 돼. 어떻게 이런 일이 있을 수 있어?' 합니다. 자신의 생각으로 하나님의 말씀을 판단하고 불신해서 하나님의 역사를 경험하지 못합니다. 그러나 우리가 하나님의 말씀을 믿으면 하나님이 말씀 그대로 역사하십니다.

1962년 10월 7일, 내 죄가 다 씻어졌다는 사실을 알았다

우리에게 어려움이나 문제가 있을 때 하나님의 말씀을 믿음으로 이길 수 있습니다. 저는 그런 경험을 정말 많이 했습니다. 더 중요한 것은, 하나님의 말씀을 믿음으로 죄에서 벗어날 수 있습니다. 성경에 우리가 예수님의 피로 온전해졌다고 기록되어 있습니다. 저는 우리 죄가 다 씻어졌다는 말씀을 믿어 거룩해지고 온전해졌습니다.

제가 구원받기 전에는 정말 형편없는 인간이었습니다. 제가 소년 시절에 서울에서 기술학교를 다니다가 사고를 쳤습니다. 기술학교에는 저보다 나이가 많은 사람들이 많았습니다. 그분들과 같이 방을 얻어서 네 사람이 함께 지냈는데, 고향 선산에 있는 우리 집에서는 돈이 생길 곳이 없었습니다. 방세나 식비를 아버지가 뒷받침해 주시기 어려워 제가 해결해야 했습니다.

하루는 충무로를 지나가다가 제 눈에 번쩍 띄는 것이 있었습니다. 신문 배달원을 모집한다는 광고였습니다. 신문을 배달해서 돈을 벌면 고향에서 아버지가 돈을 보내주시지 않아도 되기에 당장 신문 보급소에 들어갔습니다. 보급소 총무가 배달을 하려면 보증금이 필요하다고 했습니다.

"보증금을 내야 한다."

"신문을 배달하는데 보증금을 왜 냅니까?"

"네가 신문 값을 받아서 도망갈 수도 있잖아. 그러니까 보증금을 내야 돼."

보증금 만 원을 맡겨두어야 한다고 했습니다. 당시 만 원은 큰돈이어서 겨우 마련했습니다. 총무가 '3개월 안에 배달을 그만두면 보증금을 돌려주지 않는다'고 하기에 좋다고 계약서를 쓴 후, 장충동의 삼백 집 정도를 인계받아 신문을 돌렸습니다. 달마다 수금해서 보급소에 내야 하는 돈 외에 남은 것이 내 수입이라고 했습니다. 계산해 보니 50~60집가량은 내 수입으로 떨어질 것 같았습니다.

신문을 배달하면서 매달 필요한 돈을 스스로 마련할 수 있다고 생각하니 정말 기분이 좋았습니다. 한 달이 지나 신문 값을 받으러 다녔습니다. 그런데 '누가 신문을 넣으라고 했냐?'며 돈을 주지 않는 집이 50집이나 되었습니다. 보급소에서 남는 신문으로 구독자를 확장하려고 구독 신청을 하지도 않은 집에 그냥 넣었던 것입니다. 한 달 동안 배달했는데 저에게 돌아오는 돈이 거의 없었습니다. 그만두려고 해도 석 달 안에 그만두면 보증금을 돌려받지 못하니 그럴 수도 없었습니다. 보급소에서 신문 배달하는 소년들을 교묘하게 이용해먹는 것이었습니다.

그냥 당할 수 없다고 생각했습니다. '어떻게 갚아 줄까?' 생각했습니다. 신문을 배달해 보니, 대금을 잘 주는 집과 안 주는 집으로 구분이 되었습니다. 제가 나름대로 머리를 썼습니다. 다음달에, 신문 대금을 잘 주는 집은 일부러 받지 않고 안 주는 집은 싸워가면서 받았습니다. 어느 정도 신문 대금을 받은 뒤, 날을 정해 잘 주는 집들에 가서 하루에 다 받았습니다. 돈이 상당히 되었습니다. 보증금의 두 배 정도 되는 돈을 챙긴 뒤 다음날부터 보급소에 가지 않았습니다.

여러분은 절대로 도망자가 되지 마십시오. 열흘 동안 도망자로 지내 보니 불안해서 견딜 수가 없었습니다. 보급소 총무가 학교로 찾아올 것 같고, 제가 지내던 집으로 찾아올 것 같고, 잡히면 맞아 죽을 것 같고…. 열흘 동안 불안 속에서 전전긍긍하다 도저히 견딜 수 없어서 그냥 고향으로 가버렸습니다. 기술학교에 다니는 것도 그렇게 끝나고 말았습니다.

시골에서 할 일 없이 지내니까 따분하고, 하루하루를 보내는 것이 힘들었습니다. 친구들과 어울려 다니면서 밀 서리, 참외 서리, 땅콩 서리, 사과 서리 등 도둑질을 많이 했습니다. 그래도 교회에 다닌다고, 밤에 참외 서리를 할 때 다른 친구들은 아무데나 밟아 참외 순을 죽이기도 했지만 저는 순을 밟지 않으려고 조심스럽게 다녔습니다. 밤이어서 참외가 익었는지 안 보이니까 다른 친구들은 무조건 따서 한 입 먹어보고 설익은 참외는 버렸지만, 저는 냄새를 맡아 향긋한 것만 두어 개 따서 나왔습니다. 저는 교회에 다니는 착한 죄인이었습니다.

그렇게 지내다 교회에 가면 도둑질한 죄, 거짓말한 죄가 생각나 괴로웠습니다. 새벽마다 교회에 가서 죄를 용서해 달라고 기도했습니다. 죄를 너무 많이 지어서 분명히 지옥에 갈 것이라고 생각했습니다. 그러던 어느 날, 예수님의 피로 내 죄가 다 씻어졌다는 사실을 알았습니다. 1962년 10월 7일이었습니다.

안수함으로 인류의 죄를 예수님에게 넘기고

그때 저는 성경을 많이 읽었습니다. 하루에 10시간씩 읽으면 일주일에 신구약 성경을 한 번 읽을 수 있습니다. 그렇게 성경을 읽은 적도 자주 있었습니다. 성경을 한 번 읽고, 두 번 읽고, 열 번 읽고, 스무 번 읽고, 서른 번 읽고…. 성경을 계속 읽다 보니 전체 윤곽이 잡혔습니다. 그리고 성경에서 이야기하고 있는 부분들이 하나둘 눈에 들어오기 시작했습니다.

어느 날은 레위기 4장을 읽다가 죄를 사함 받는 속죄제사에 관하여 자세히 기록되어 있는 것이 눈에 들어왔습니다. 레위기 4장은 네

가지 속죄제사에 관하여 기록되어 있습니다. 제사장이 범죄했을 때, 이스라엘 회중이 범죄했을 때, 족장이 범죄했을 때, 평민이 범죄했을 때 각각 어떻게 죄를 사함 받는지 기록되어 있습니다. 저는 평민이니까 4장 27절부터 나오는 평민의 속죄제사를 자세히 살펴보았습니다.

"만일 평민의 하나가 여호와의 금령 중 하나라도 부지중에 범하여 허물이 있었다가 그 범한 죄에 깨우침을 받거든 그는 흠 없는 암염소를 끌고 와서 그 범한 죄를 인하여 그것을 예물로 삼아 그 속죄제 희생의 머리에 안수하고 그 희생을 번제소에서 잡을 것이요, 제사장은 손가락으로 그 피를 찍어 번제단 뿔에 바르고 그 피 전부를 단 밑에 쏟고 그 모든 기름을 화목제 희생의 기름을 취한 것같이 취하여 단 위에 불살라 여호와께 향기롭게 할지니, 제사장이 그를 위하여 속죄한즉 그가 사함을 얻으리라."(레 4:27~31)

어떤 사람이 죄를 지었는데 모르고 있다가 알게 되면 흠 없는 암염소를 끌고 성막으로 가라고 했습니다. 성막에서 속죄제사의 희생인 그 염소의 머리에 안수한 뒤 죽이라고 했습니다. 이 내용을 읽다가 염소의 머리에 안수하는 대목에서 딱 막혔습니다. 목사가 될 때나 장로가 될 때 안수를 받는데 염소는 왜 안수를 받는지 알 길이 없었습니다. 요즘은 컴퓨터에 '안수' 하고 입력하면 관련된 성경 구절이 다 뜨지만 당시에는 일일이 읽어서 찾아야 했습니다.

그 후 성경을 몇 번 더 읽은 뒤에야 그 이유를 알았습니다. 레위기 4장에서 멀지 않은 레위기 16장에 그 이유가 기록되어 있었습니다. 몇 번 읽었지만 그냥 지나치다가 어느 날 드디어 그 구절이 눈에 들어왔습니다. 16장 21절입니다.

"아론은 두 손으로 산 염소의 머리에 안수하여 이스라엘 자손의 모든 불의와 그 범한 모든 죄를 고하고 그 죄를 염소의 머리에 두어 미리 정한 사람에게 맡겨 광야로 보낼지니"(레 16:21)

여기 보면, 대속죄일에 대제사장 아론이 염소의 머리에 안수하여 이스라엘 백성의 모든 불의와 지은 죄를 염소의 머리에 둔다고 했습니다. 안수는 죄를 넘기는 과정이었습니다. 속죄 제물인 염소의 머리에 안수하여 죄를 넘긴 뒤, 그 염소가 죄의 삯인 사망을 지불함으로써 죄가 씻어졌습니다. 레위기 4장에 나오는 내용이 하나님의 어린양인 예수님에 관하여 기록한 신약 성경의 내용과 다시 연결되었습니다.

마태복음 3장에 예수님이 세례 요한에게 세례를 받으시는 장면이 나옵니다. 그때 세례 요한이 "내가 당신에게 세례를 받아야 할 터인데 당신이 내게로 오시나이까?" 하며 세례를 받으려고 하는 예수님을 말렸습니다. 그러자 예수님이 "이제 허락하라. 우리가 이와 같이 하여 모든 의를 이루는 것이 합당하니라." 하셨습니다. 그 말을 듣고 요한이 예수님에게 세례 베푸는 것을 허락했습니다.

예수님은 세례 요한에게 그냥 세례를 받는 것이 아니라 모든 의를 이루기 위해 세례를 받는다고 하셨습니다. 세례 요한이 그 말의 의미를 알아들었습니다. 모든 의가 이루어지려면 모든 죄가 사해져야 합니다. 요한이 예수님에게 세례를 베풀면서 예수님의 머리에 안수했습니다. 안수함으로 인류의 죄를 예수님에게 넘긴 것입니다. 요한복음 1장 29절에서 그 사실을 확인할 수 있습니다.

"이튿날 요한이 예수께서 자기에게 나아오심을 보고 가로되, 보라 세상 죄를 지고 가는 하나님의 어린 양이로다."(요 1:29)

세례 요한이 예수님이 자기에게 나아오는 것을 보고 사람들에게 말했습니다.

"보라, 세상 죄를 지고 가는 하나님의 어린양이로다."

예수님이 세상 죄를 짊어지셨다고 했습니다. 세례 요한이 예수님의 머리에 안수할 때 세상 죄가 예수님에게 건너간 것입니다. 구약 시대에 양이나 염소의 머리에 안수해서 죄를 넘기고, 죄를 넘겨받은 양이나 염소가 죽음으로 죄가 씻어졌듯이, 예수님이 세상 죄를 넘겨받으셨고 십자가에 못 박혀 죽으심으로 세상 죄가 씻어졌습니다. 세상 모든 죄가 씻어졌기 때문에 우리가 의로워졌습니다.

예수님이 제물이 되어 거룩하게 된 사람들

성경이 우리 죄가 다 씻어진 것을 정확히 이야기하고 있었습니다. 정말 놀라웠습니다. 우리 죄가 다 씻어져서 우리가 거룩하고 온전하게 된 사실을 히브리서에서 이야기해주고 있었습니다.

"저가 한 제물로 거룩하게 된 자들을 영원히 온전케 하셨느니라." (히 10:14)

저는 종종 화도 내고 짜증도 내기 때문에 제 눈에는 내가 온전하게 보이지 않고 부족해 보입니다. 그런데 예수님이 제물이 되심으로 말미암아 거룩하게 된 자들이 있습니다. 그 사람이 누구입니까? 박옥수 목사입니다. 여러분입니다. 세상 모든 사람입니다. 이것이 하나님의 말씀입니다. 너무나 놀랍습니다. 저는 실수도 하고 화도 내지만 하나님이 보실 때에는 제가 온전합니다. 하나님이 나를 온전케 하신 것을 생각하면 감사하고, 내 마음에 말씀이 자리 잡아서 예수님을 닮아가는 삶을 살게 되어 또 감사합니다. 그래서 이 말씀을 전합니다.

여러분도 목사는 아니지만 저처럼 만나는 사람들에게 예수님이 이루신 일들을 이야기해 보십시오. 성경에 기록된 하나님의 말씀을 전해 보십시오. 말씀이 살아서 일하는 것을 볼 수 있을 것입니다. 하나님의 말씀은 살았고 운동력이 있어서 말씀대로 이루어 갑니다. 현재 여러분의 모습이 어떠한지 보지 말고 성경 말씀을 믿고 달려가면 그대로 이루어집니다.

제가 1962년에 예수님의 피로 죄 사함을 받았습니다. 추하고 못나고 더럽고 악한 저에게 복음이 임했습니다. 내 모든 죄가 씻어져서 내가 의롭고 거룩하고 온전해졌습니다. 그때 저는 아무것도 아닌 청년이었는데 예수님과 함께 세월을 보내며 놀라운 일들을 수없이 경험했습니다. 거룩하시고 사랑이 많으시고 전능하신 하나님의 인도로 제가 목사가 되어 지난 60여 년 동안 복음만 전하며 살았습니다. 제가 그렇게 살았다는 것이 믿어지지 않습니다. '나 같은 인간이 어떻게…?' 하나님이 저를 인도해 주셨습니다. 수많은 사람에게 복음을 전하게 해주셨습니다.

우리는 예수님과 영원히 함께합니다. 꿈같습니다. 이 은혜를 우리에게 주신 하나님께 감사와 영광을 드립니다.

09

단 한 번으로 영원히

9장

∞

단 한 번으로
영원히

히브리서 9장 11절부터 읽겠습니다.

"그리스도께서 장래 좋은 일의 대제사장으로 오사 손으로 짓지 아니한 곧 이 창조에 속하지 아니한 더 크고 온전한 장막으로 말미암아 염소와 송아지의 피로 아니하고 오직 자기 피로 영원한 속죄를 이루사 단번에 성소에 들어가셨느니라. 염소와 황소의 피와 및 암송아지의 재로 부정한 자에게 뿌려 그 육체를 정결케 하여 거룩케 하거든 하물며 영원하신 성령으로 말미암아 흠 없는 자기를 하나님께 드린 그리스도의 피가 어찌 너희 양심으로 죽은 행실에서 깨끗하게 하고 살아 계신 하나님을 섬기게 못하겠느뇨."(히 9:11~14)

성경은 우리에게 단순하게 이야기합니다. 염소나 송아지의 피가 아니라 예수님의 피로 영원한 속죄를 이루었다고 말합니다. 또한, 그리스도의 피가 하나님을 섬기게 못하겠느냐고 말합니다. 능히 섬기게 한다는 것입니다.

말씀을 믿지 않고 자기 생각대로 죄인이라고 한다면…
하나님이 우리를 죄에서 구원하시기 위해 당신의 아들 예수 그리스도를 이 땅에 보내셨습니다. 예수님이 이 땅에 오셔서 세상 죄를 짊어지셨고, 십자가에 못 박혀 피를 흘리고 죽어 우리 죄를 씻으셨습니다. 하나님은 우리 죄를 다 사하셨을 뿐 아니라, 우리로 하여금 그 사실을 깨닫게 하시려고 성경 곳곳에서 아주 많은 이야기를 하셨습니다.

수많은 사람들이 성경을 읽습니다. 사람들이 히브리서 9장 12절의 **"염소와 송아지의 피로 아니하고 오직 자기 피로 영원한 속죄를 이루사 단번에 성소에 들어가셨느니라."** 라는 구절을 읽으면 어떤 생각이 들어야 하겠습니까? '아, 성경에서 예수님의 피로 영원한 속죄를 이루었다고 하는구나. 그렇다면 내 죄가 영원히 사해졌구나.' 이렇게 생각해야 정상입니다. 그런데 얼마나 많은 교회에서 사람들이 "주여, 죄인입니다. 용서해 주옵소서."라고 합니까? 너무나 많은 사람들이 교회에 다니면서 성경과 다른 신앙생활을 하고 있습니다.

어떤 사람은 예수님을 믿음으로 과거에 지은 죄는 용서받았지만 앞으로 짓는 죄는 회개해서 용서받아야 한다고 말합니다. 성경에서는 뭐라고 말합니까? 예수님의 피로 영원한 속죄를 이루었다고 했습니다. 그러니 죄를 위해 다시 무엇을 해야 할 것이 없습니다.

"이 뜻을 좇아 예수 그리스도의 몸을 단번에 드리심으로 말미암아

우리가 거룩함을 얻었노라."(히 10:10)

예수님은 단번에 우리를 거룩하게 하셨습니다. 예수님은 당신의 몸을 두 번 드리시지 않습니다. 단 한 번으로 우리를 거룩하게 하셨고, 거룩하게 된 우리를 영원히 온전케 하셨기 때문입니다.

"저가 한 제물로 거룩하게 된 자들을 영원히 온전케 하셨느니라." (히 10:14)

성경대로 믿으면 너무 쉽고 기쁘고 평안하고 감사합니다. 성경과 다르게 "오 주여, 죄인입니다. 용서해 주십시오." 하면 신앙이 어떻게 기쁘고 평안하겠습니까? 너무 안타까운 것은, 오늘날 수많은 교회에서 목사님들도 죄인이라고 하며 죄를 용서해 달라고 기도합니다. 예수님이 죄를 다 씻어놓으셨는데 왜 죄인이라고 합니까? 아무리 생각해도 이해가 가지 않습니다.

"염소와 송아지의 피로 아니하고 오직 자기 피로 영원한 속죄를 이루사 단번에 성소에 들어가셨느니라."(히 9:12)

성경이 얼마나 분명하게 말하고 있습니까? '예수님의 피로 영원한 속죄를 이루었다.' 이보다 더 명확하게 말할 수 있습니까? 그렇다면 "내 죄가 영원히 씻어져서 내가 죄인이 아니구나. 내가 깨끗해졌구나. 내가 의롭구나. 내가 거룩하구나."라는 이야기가 나와야 합니다. "주여, 죄인입니다. 용서해 주옵소서." 이 소리, 듣기 좋은 소리 아닙니다. 그런데 이렇게 믿는 것이 참된 믿음이고, 예수님의 피로 죄가 다 씻어졌다고 하면 이단이라고 합니다. 정말 우스운 이야기입니다.

분명하게 기록되어 있는 하나님의 말씀을 믿지 않고 자기 생각대로 죄인이라고 한다면 그 사람이 어떻게 바른 신앙생활을 할 수 있겠습니까? 그것은 하나님의 이끌림을 받는 것이 아니라 사탄에게 이끌리는 것입니다. 예수님이 분명히 십자가에 못 박히셨고, 우리 죄가 눈처럼 희게 씻어졌다고 성경에 분명히 기록되어 있는데 죄가 있다고 한다면, 그것이 사탄이 넣어준 생각이 아니고 무엇이겠습니까? 만약 죄인이라면 예수님이 다시 십자가에 못 박혀 죽어서 죄를 씻어 달라는 이야기입니까? 죄의 삯은 사망이어서 죽음을 지불하지 않고는 씻어지지 않습니다.

사람들이 교회에서 찬송을 부릅니다. "기쁜 날 기쁜 날 주 나의 죄 다 씻은 날" 분명히 예수님이 죄를 다 씻었다고 찬송합니다. 그러고 나서 기도하자고 하면 "주여, 죄인입니다." 합니다. 얼마나 이상합니까? 그런데 이상한지도 모릅니다. 이것이 오늘 한국 교회의 현실입니다.

우리가 잘못된 생각에서 깨어나야 합니다. 성경 4복음서에 예수님이 십자가에 못 박혀 죽으신 것이 얼마나 정확히 기록되어 있습니까? 예수님이 십자가에 못 박혀 죽으심으로 우리 죄가 다 씻어졌다는 말씀이 성경에 얼마나 많습니까? 그런데 왜 죄인이라고 합니까? 성경과 다르게 믿으면서, 왜 박옥수 목사가 성경대로 죄가 다 씻어졌다고 전하면 이단이라고 합니까?

죄인이라고 하면 신앙이 참되고 죄가 다 씻어졌다고 하면 이단이라면 그것이 예수님 편입니까? 사탄 편입니다. 예수님 편에 섰다면, 예수님이 죄를 다 해결하셨기 때문에 죄가 다 씻어졌다고 해야 맞고, 의롭게 되었다고 해야 맞습니다. 그런데 교회에서 사람들이 의롭게 된 말씀을 듣고 배우는 것이 아니라 죄인이라는 이야기를 듣고 배웁니다. 여러분 가운데에도 그렇게 배워서 오랫동안 죄인이라고 하면서 살았던 사람이 많을 것입니다.

그런데 지금도 죄인이라고 합니까? 예, 지금은 의인이라고 해야 합니다. 하나님이 우리를 보고 의롭다고 하셨습니다.

"모든 사람이 죄를 범하였으매 하나님의 영광에 이르지 못하더니, 그리스도 예수 안에 있는 구속으로 말미암아 하나님의 은혜로 값 없이 의롭다 하심을 얻은 자 되었느니라."(롬 3:23~24)

죄에 매여 사는 사람들을 깨우쳐 주어야

하나님은 예수님의 피로 우리 죄가 씻어진다는 사실을 가르쳐주길 원하셨습니다. 그래서 예수님이 십자가에 못 박혀 죽기 전에 그것을 미리 보여주고 싶으셨습니다. 그런데 예수님이 실제로 못 박혀 죽을 수는 없기 때문에, 염소와 송아지의 피로 죄를 사함 받는 속죄제사의 규례를 주셨습니다. 예수님이 이 땅에 오시기 전까지 그 제사를 드리게 하셨습니다. 그것은 예수님이 우리 죄를 씻는 것을 가르쳐 주기 위한 그림자였습니다.

"율법은 장차 오는 좋은 일의 그림자요 참 형상이 아니므로…."
(히 10:1)

예수님이 오시기 전까지는 그렇게 모형으로 속죄제사를 드렸지만 예수님이 오셔서 참 형상의 속죄제사를 드리셨습니다. 염소와 송아지의 피로 아니하고 오직 예수님의 피로 영원한 속죄를 이루셨습니다. 죄를 씻기 위해 다시 제사를 드려야 할 필요가 없습니다. 저는 이런 내용의 성경을 읽으면 얼마나 신이 나고 힘이 나는지 모릅니다.

제가 예수님의 피로 내 죄가 다 씻어졌다는 사실을 처음 알았을 때 얼마나 기쁘고 감사했는지 모릅니다. 늘 죄에 매여 괴로워하다가 죄에서 벗어나 평안했습니다. 이 사실을 이야기하지 않을 수 없었습니다. 그래서 교회에서 청년들에게 '내 죄가 다 씻어져서 죄가 없다'고 이야기했다가 따돌림을 당했습니다. 목사님도 죄인이라고 하고 장로님도 죄인이라고 하는데 제가 죄가 없다고 하니 교회에서 저를 받아들이지 못했습니다. 목사님이 저를 내쳤습니다. 주일 예배 광고 시간에, 제가 주일에 차를 탔다고 수찬 정지 처분을 내린다고 했습니다. 목사님께 수찬 정지가 뭐냐고 물으니, 주일에 차를 타서 죄를 지었으니 성찬식에 참여할 수 없다고 했습니다.

목사님 이야기를 듣고 "목사님 따님은요?"라는 말이 입에서 나오려고 하는데 참았습니다. 그때 목사님의 두 딸이 대구에서 학교를 다녔습니다. 대구에서 공부하다가 토요일 오후에 버스를 타고 선산으로 왔습니다. 그리고 주일 예배를 드리고 점심을 먹은 뒤 다시 버스를 타고 대구로 갔습니다. 저는 버스 탈 돈도 없어서 차를 거의 타지 않다가 어쩌다 주일에 한 번 탔고 목사님 딸은 매주 버스를 타는데, 제가 주일에 차를 탔다고 수찬 정지 처분을 내린다고 예배 시간에 말씀했습니다.

예수님의 피로 죄가 다 씻어진 사실을 알고 너무 기뻐서 교회에서 이야기한 것인데, 죄가 씻어져서 없다고 말하는 것 때문에 저를 따돌린다는 사실을 알았습니다. 교회 외에 마음 둘 곳이 없었기 때문에 서글프기도 했지만, 고통스럽던 죄에서 벗어나 마음은 정말 기뻤습니다.

그때 제가 다니던 교회에서는 목사님도 장로님도 집사님도 다 죄인이라고 했습니다. 기도할 때마다 "이 죄인, 예수님의 공로 의지하여 기도드립니다."라고 했습니다. 하나님은 성경에서 우리 죄를 사한다고 하셨고, 죄를 기억하지도 않는다고 하셨습니다. 그런데 사람들이 하나님을 믿는다고 하면서도 죄가 다 사해지지 않아 용서받아야 할 죄들이 많았습니다. 저는 하나님이 내 죄를 다 씻어 주신 것이 말할 수 없이 감사했습니다. 죄를 씻어 주셨을 뿐 아니라 기억하지도 않는다고 하셨습니다. 제가 찬송 한번 불러볼까요?

너희 죄 사해 주사 기억 아니하시네
너희 죄 사해 주사 기억 아니하시네
불쌍한 사람들아 오라 하시네
너희 죄 사해 주사 너희 죄 사해 주사
기억 아니하시네 기억 아니하시네

찬송을 잘 부르지는 못했지만 내용은 전달되었지요? 하나님은 우리 죄를 사했을 뿐 아니라 기억하지도 않는다고 하셨습니다. 그런데 얼마나 많은 사람들이 교회에 다니고 하나님을 믿는다고 하면서 죄인이라고 합니까? "주여, 죄인입니다. 죄를 지었습니다. 용서해 주십시오." 하나님이니까 넘어가시지 저 같으면 '내가 네 죄를 어떻게 사했는데 죄인이라고 그래?' 하면서 화가 나서 견디지 못할 것 같습니다.

죄인이라고 하는 사람과 이야기를 주고받는다고 해봅시다.

"예수님이 십자가에 못 박혀서 네 죄를 안 씻었어?"
"씻었지."
"씻었으면 죄인이 아니잖아."
"그래도 죄인이야."
"죄를 씻었는데 왜 죄인이지?"
"살면서 죄를 짓잖아. 죄를 지으니까 죄인이지."
"그 죄도 예수님이 씻었잖아. 성경에서 예수님의 피로 우리 죄를 씻었다고 하면 죄가 다 씻어졌고, 그러면 죄인이 아니지."
"그래도 죄를 지으니까 죄인이지."

예수님을 믿는다고 하면서도 죄에 매여 사는 사람들을 우리가 깨우쳐줘야 합니다. 예수님이 십자가에 못 박혀 죽으셨는데도 사람들이 죄인이라고 하면 예수님이 얼마나 섭섭해하시겠습니까? 우리 같으면 "이 녀석들이!" 하면서 불같이 화를 냈을 것입니다. 십자가에서 흘린 피가 아무 의미가 없다는 말이지 않습니까?

예수님은 십자가에서 흘린 피를 하늘나라 성전에 뿌리셨다

"그리스도께서 장래 좋은 일의 대제사장으로 오사 손으로 짓지 아니한, 곧 이 창조에 속하지 아니한 더 크고 온전한 장막으로 말미암아" (히 9:11)

전혀 어렵지 않은 내용입니다. 예수님이 손으로 지은 이 땅에 있는 성전에서 속죄제사를 드린 것이 아니라, 온전한 장막인 하늘나라에 있는 성전에서 드렸다는 이야기입니다. 예수님이 십자가에서 흘린 피를 땅에 있는 성전에 뿌린 것이 아니라 하늘나라 성전에 뿌리셨습니다. 하늘나라는 영원하기 때문에 예수님이 하늘나라 성전에 뿌린 피도 영원히 있어서 우리 죄가 영원히 씻어졌습니다. 예수님이 영원한 속죄를 이루셨습니다.

"염소와 송아지의 피로 아니하고 오직 자기 피로 영원한 속죄를 이루사 단번에 성소에 들어가셨느니라."(히 9:12)

예수님이 우리 죄를 영원히 씻으셔서 우리가 영원히 온전케 되었습니다.

"저가 한 제물로 거룩하게 된 자들을 영원히 온전케 하셨느니라."(히 10:14)

얼마나 감사한지 말로 다 할 수 없습니다.

예수님이 영원한 속죄를 이루었다고 성경에 분명히 기록되어 있는데 교회에 다니는 많은 사람들이 죄가 씻어지지 않았다고 합니다. 죄인이라고 하고 죄를 용서해 달라고 기도합니다. 하나님은 우리 죄를 지을 때마다 씻어 주시는 것이 아닙니다. 하늘나라 성전에서 영원한 속죄가 이루어져 단번에 영원히 씻어 주셨습니다. 그래서 우리가 거룩해졌습니다.

"이 뜻을 좇아 예수 그리스도의 몸을 단번에 드리심으로 말미암아 우리가 거룩함을 얻었노라."(히 10:10)

하나님은 절대로 여러분이 죄를 지을 때마다 씻어 주시지 않습니다. 예수님이 2천 년 전에 십자가에 못 박혀 죽으심으로 영원한 속죄를 이미 이루셨습니다. "그래도 살면서 죄를 지으니까 우리가 죄인 아니냐?"라고 하는 분들이 있습니다. 아니라고 해야 합니다. 영원한 속죄가 이루어졌기 때문입니다.

저는 소년 시절에 남의 밭 밀도 꺾어 먹고, 감자도 캐먹고, 참외도 따먹고, 죄를 많이 지었습니다. 어려서부터 교회에 다녔기 때문에 지옥에 갈 것이 두려웠습니다. 죄를 씻고 싶어서 발버둥을 쳤습니다. 새벽마다 교회에 가서 죄를 용서해 달라고 기도했습니다. 겨울에는 제가 교회에 가려고 일어나면 아버지께서 "야, 감기 든다." 하셨습니다. 그때는 아무리 추운 겨울이라도 예배당에 불을 피우지 못했습니다. 마루로 된 예배당에 앉아 새벽기도회 모임을 가졌습니다. 겨울에는 굉장히 추웠지만 교회에 가지 않을 수 없었습니다.

교회에 제일 먼저 가서 아무도 없는 예배당에서 무릎을 꿇고 하나님께 지은 죄를 고백하며 용서해 달라고 기도했습니다. 새벽기도회를 가질 시간이 가까워 오면 예배당에 있는 종을 치고, 목사님을 깨웠습니다.

"목사님, 새벽 기도 시간입니다."

"어어, 박 선생!"

새벽기도회가 시작되어 목사님이 말씀을 전하고 기도를 마치면 사람들이 다 돌아갔습니다. 그러면 혼자 남아 다시 지은 죄를 고백하며 죄를 용서해 달라고 기도했습니다. 매일 그렇게 기도했지만 죄가 씻어졌다는 마음이 든 적은 없었습니다. 아무리 기도해도 마음에 늘 죄가 남아 있었습니다. '죄를 씻으려면 지은 죄를 자백하고 용서해 달라고 기도해야 한다'고 교회에서 배웠기 때문에, 아무리 기도해도 죄가 씻어지지 않았지만 새벽이 되면 또 교회에 가서 죄를 용서해 달라고 기도했습니다.

죄는 자백하고 용서해 달라고 기도해서 사해지는 것이 아닙니다.

만약 그렇다면, 지은 죄를 잊어버리고 자백하지 못하면 그 죄 때문에 지옥에 가야 할 것입니다. 그런 일은 일어나지 않습니다. 죄는 예수님의 피로 사해지기 때문입니다. 예수님의 피가 모든 죄를 온전히 씻었습니다. 예수님의 피로 씻지 못한 죄가 없습니다.

교회에 가서 죄인이라고 하지 마십시오. 하나님께 죄를 용서해 달라고 기도하지 마십시오. 정 '죄인'이라는 말을 쓰고 싶거든 "죄인이었던 저의 죄를 다 씻어 의롭게 해주셔서 감사합니다."라고 기도하십시오. 하나님이 우리 죄를 눈처럼 희게 씻으셨는데 자꾸 죄인이라고 하면 말이 안 됩니다.

"여호와께서 말씀하시되 '오라, 우리가 서로 변론하자. 너희 죄가 주홍 같을지라도 눈과 같이 희어질 것이요 진홍같이 붉을지라도 양털 같이 되리라."(사 1:18)

저는 성경을 정말 많이 읽었습니다. 그래서 이런 내용의 성경 구절을 찾으라고 하면 100개는 더 찾아낼 수 있습니다.

생각해야 신앙생활을 바르게 할 수 있다

"남이 장에 간다고 하니 거름 지고 나선다"라는 속담이 있습니다. 남이 한다고 이유도 모른 채 덩달아 따라 하는 것을 이야기한 속담입니다. 오늘날 수많은 교회에서 사람들이 그와 같이 하고 있습니다. 예수님의 피로 죄가 다 씻어졌다는 찬송을 교회에서 다 같이 부릅니다.

금이나 은같이 없어질 보배로
속죄함 받은 것 아니요

거룩한 하나님 어린양 예수의
그 피로 속죄함 얻었네

기쁜 날 기쁜 날
주 나의 죄 다 씻은 날

그러고 나서 기도하자고 하면 다 같이 "주여, 죄인입니다. 지은 죄를 용서해 주십시오."라고 합니다. 죄가 다 씻어졌다고 했다가 죄를 용서해 달라고 했다가, 너무 이상한데 대부분 잘못된지도 모릅니다. 남이 장에 가면 거름 지고 따라가는 식의 신앙생활을 하고 있기 때문입니다.

다른 사람들이 한다고 그냥 따라해서는 안 됩니다. 생각해야 신앙생활을 바르게 할 수 있습니다. 성경이 뭐라고 말씀하고 있는지 정확히 알아야 합니다. 성경 말씀대로 믿어야 합니다.

"그리스도께서 장래 좋은 일의 대제사장으로 오사 손으로 짓지 아니한, 곧 이 창조에 속하지 아니한 더 크고 온전한 장막으로 말미암아 염소와 송아지의 피로 아니하고 오직 자기 피로 영원한 속죄를 이루사 단번에 성소에 들어가셨느니라."(히 9:11~12)

성경에서는 예수님이 영원한 속죄를 이루셨다고 했습니다. 우리 죄가 영원히 씻어졌습니다. 예수님이 단 한 번 드린 제사로 인간의 모든 죄가 영원히 끝났습니다. 예수님을 믿고 죄 사함을 받으려면 이 말씀대로 믿어야 합니다. 우리 죄가 예수님의 피로 영원히 씻어졌다고 믿어야 합니다.

누구도 우리 죄를 가지고 논하거나 공격할 수 없도록

죄는 우리 노력이나 수고로 씻는 것이 아닙니다. 예수님의 피로 씻습니다. 우리가 기도해서 씻는 것이 아니라, 예수님이 십자가에 못 박혀 죽으실 때 이미 씻어졌습니다. 모든 죄가 눈같이 희게 씻어졌습니다. 하나님이 그렇게 말씀하시고, 성경이 그렇게 증거합니다. 우리가 부족해도 아무 문제가 없습니다. 하나님은 완벽하시기 때문에 우리 죄를 온전히 씻으십니다.

하나님은 죄가 씻어진 것을 우리에게 가르쳐 주시려고 구약 시대에 속죄제사를 드리게 했습니다. 그 후 예수님을 세상에 보내셨고, 사람들이 보는 앞에서 예수님이 십자가에 못 박혀 피를 흘리고 죽게 하셨습니다. 구약 시대에 양이나 염소가 죄를 넘겨받은 뒤 그 죄의 값을 치르기 위해 죽었던 것처럼, 예수님이 세상 죄를 넘겨받으신 뒤 그 죄의 값을 치르기 위해 죽으셨습니다.

그런데 예수님은 당신이 흘리신 피를 이 땅에 있는 성전에 뿌리지 않고 하늘나라 성전에 뿌리셨습니다. 손으로 지은 이 땅에 있는 성전은 하늘나라에 있는 성전을 본떠서 만든 것이기 때문입니다.

"저희가 섬기는 것은 하늘에 있는 것의 모형과 그림자라. 모세가 장막을 지으려 할 때에 지시하심을 얻음과 같으니 가라사대 '삼가 모든 것을 산에서 네게 보이던 본을 좇아 지으라' 하셨느니라."(히 8:5)

구약 시대에 속죄제사를 드리면서 흘린 양이나 염소의 피는 하늘에 있는 것의 모형과 그림자인 이 땅에 있는 성전 제단에 뿌렸지만, 예수님의 피는 하늘나라 성전의 제단에 뿌려졌습니다. 하늘나라는 영원하기 때문에 하늘나라 성전에 뿌려진 예수님의 피의 효력도 영원합니다. 그래서 우리 죄가 영원히 씻어졌습니다.

우리가 예수님을 믿은 후에도 실수할 수 있고 잘못할 수 있습니다. 하나님이 그것을 아시기 때문에 우리 죄를 어느 순간까지 씻으신 것이 아니라 영원히 씻으셨습니다. 만일 영원한 속죄가 이루어지지 않았다면, 여러분이 예수님을 믿고 난 뒤에 죄를 지으면 다시 그 죄를 사함 받아야 합니다. 죄를 사함 받지 못하면 지옥에 가야 합니다. 그런 일이 일어나지 않게 하나님은 영원한 속죄를 이루셨습니다. 그 누구도 우리 죄를 가지고 논하거나 공격할 수 없도록 모든 죄를 영원히 완벽하게 씻으셨습니다. 우리를 영원히 거룩하게 하시고 온전하게 하셨습니다.

"저가 한 제물로 거룩하게 된 자들을 영원히 온전케 하셨느니라." (히 10:14)

'존 아타 밀스 대통령은 의롭게 되었다'

제가 한 번 이야기했지만, 2012년 여름에 가나에서 2천여 명의 대학생들이 모인 가운데 캠프가 있었습니다. 제가 그 캠프의 주강사로 말씀을 전했습니다. 첫날 개막식 때 대통령 영부인이 축하 메시지를 전해 주셨습니다. 개막식을 마친 뒤 영부인께서 저에게 이야기하셨습니다.

"목사님, 드릴 말씀이 있습니다."

"예, 말씀하시죠."

"대통령이 굉장히 위중하십니다. 대통령을 위해 기도해 주실 수 있습니까?"

"예, 있습니다."

"대통령께서 이곳으로 오셔야 합니까?"

"아니오. 제가 가면 됩니다."

"그럼 내일 아침에 제가 차를 보내겠습니다."

영부인께서 대통령이 위중해 저에게 기도를 부탁하려고 일부러 캠프에 참석해서 축하 메시지를 전해 주셨던 것입니다. 보통 대통령 영부인은 축하 메시지를 전한 뒤 일정이 바쁘기 때문에 행사장을 바로 떠나는데, 그분은 그날 제가 한 강연도 듣고 개막식을 마칠 때까지 자리를 지키셨습니다. 그리고 개막식이 끝난 뒤 저에게 다가와 대통령 일을 이야기하셨습니다.

다음날 아침, 영부인께서 직접 캠프 장소로 오셨습니다. 영부인이 탄 차 뒤에 우리를 태우고 갈 차들이 뒤따랐습니다. 그 차를 타고 대통령 궁으로 가서 대통령을 만났습니다. 존 아타 밀스 대통령, 1944년 생으로 저와 나이가 같았습니다. 대통령께서 저에게 이렇게 말씀하셨습니다.

"목사님, 주치의가 오랫동안 저를 치료하고 있지만 점점 심해지고 있습니다. 제가 오늘 아침에 잠이 깼을 때 '내가 며칠을 더 살까?' 생각했습니다. 많이 살면 5일 더 살 것 같다는 생각이 들었습니다. 저는 대통령도 해보고 많은 것을 누렸기 때문에 세상을 떠나는 것은 괜찮습니다. 그런데 죄가 있습니다. 저는 가나에서 믿음이 제일 좋은 대통령으로 인정받고 있지만 저도 사람인지라 죄를 지었습니다. 죄를 가지고 죽음을 맞는 것이 두렵습니다."

대통령의 이야기를 듣고 제가 물었습니다.

"각하가 죄인인 것을 어떻게 아셨습니까?"

"내가 죄를 지었으니 죄인이 아닙니까?"

"그렇지 않습니다. 어느 나라에서 죄를 지은 사람이 자기 죄를 정합니까? 가나에서는 어떤 사람이 죄를 지으면 '내가 감옥에 가서 3년을 살겠다' 합니까? 죄는 판사가 정합니다."

"그건 그렇지요."

"우리 죄는 우리가 판단하는 것이 아니라 재판장이신 하나님이 판단하십니다. 각하는 각하의 죄에 대한 하나님의 판결문을 보신 적이 있습니까?"

"내 죄에 대한 하나님의 판결문이 있습니까?"

"예, 있습니다."

"그게 어디 있습니까?"

"성경에 있습니다. 보고 싶으십니까?"

"예, 보고 싶습니다."

제가 로마서 3장을 펴서 23절과 24절을 읽어드렸습니다.

"모든 사람이 죄를 범하였으매 하나님의 영광에 이르지 못하더니, 그리스도 예수 안에 있는 구속으로 말미암아 하나님의 은혜로 값 없이 의롭다 하심을 얻은 자 되었느니라."(롬 3:23~24)

이 말씀에서 모든 사람이 죄를 범해 하나님의 영광에 이르지 못했다고 하였고, 예수님의 구속으로 우리가 의롭게 되었다고 했습니다.

"이것이 각하의 죄에 대한 하나님의 판결문입니다. 하나님이 '존 아타 밀스 대통령은 죄를 범해 하나님의 영광에 이를 수 없었다. 그런데 그리스도 예수 안에 있는 구속으로 말미암아 의롭게 되었다'라고 하셨습니다."

우리는 원래 의로운 자가 아닌데 의롭다 하심을 얻었습니다. 누가 우리를 보고 의롭다 하셨습니까? 하나님이 의롭다고 하셨습니다. 내가 돈이 하나도 없는데 어떤 형제가 "목사님, 이 돈 가지세요." 하고 만 원을 주면 저에게 만 원이 있습니다. 그 돈은 제 돈입니다. 우리에게 의가 없었는데 하나님이 우리를 보고 '의롭다' 하셨습니다. 그래서 우리가 의를 얻었습니다. 그 의가 우리 것이 되어 우리에게 의가 있습니다.

존 아타 밀스 대통령께서 성경 말씀을 듣고 이야기하셨습니다.
"나는 씻어졌습니다. 나는 거룩합니다. 나는 의롭습니다."
지옥에 갈까봐 두려워하던 분이 죄에서 벗어나 평안해하셨습니다.
"목사님, 이제 내가 죄 사함 받은 것을 내 마음에 품고 좀 쉬고 싶습니다."

감사한 마음을 품고…

오늘 한국 교회에 죄에서 벗어나지 못한 사람이 얼마나 많습니까? 집사가 되고 장로가 되고 헌금도 많이 했지만 마음에 있는 죄는 사함 받지 못한 사람이 너무 많습니다. 죄가 있으면 지옥에 간다는 사실을 알기에, 죽음 앞에 서면 벌벌 떨면서 발버둥을 치는 사람들이 많습니다. 많은 돈을 교회에 드리고 충성하고 헌신했는데 죽음 앞에서 자신이 죄인인 겁니다. 히브리서 9장 11~12절 말씀을 모르기 때문입니다.

"그리스도께서 장래 좋은 일의 대제사장으로 오사 손으로 짓지 아니한, 곧 이 창조에 속하지 아니한 더 크고 온전한 장막으로 말미암아

염소와 송아지의 피로 아니하고 오직 자기 피로 영원한 속죄를 이루사 단번에 성소에 들어가셨느니라."(히 9:11~12)

이 말씀은 정말 중요한 말씀이니 절대로 잊어버리지 마십시오. 우리 죄가 단번에 영원히 씻어져서 우리가 영원히 의롭게 되었습니다. 예수님의 피로 우리가 의롭게 되었고, 예수님의 피가 우리로 하여금 능히 하나님을 섬기게 합니다. 이 일을 이루신 하나님께 감사한 마음을 품고 집으로 돌아가시길 바랍니다.

ETERNAL REDEMPTION

이터널 리뎀션

초판 2023년 10월 20일

지은이 박옥수

책임편집 박민희
북디자인 권은혜

발행처 도서출판 기쁜소식
출판신고 제2006-44호
주 소 서울시 양천구 신월로24길 8
문의처 02-2690-8860
이메일 edit@goodnews.kr
인쇄·제본 프린트세일

ⓒ 2023. 박옥수. All rights reserved.

이 책은 저작권법에 따라 보호받는 저작물이므로 무단 전재와 무단 복제를 금지하며,
이 책 내용의 전부 또는 일부를 이용하려면 반드시 출판사의 서면동의를 받아야 합니다.
책값은 뒤표지에 있습니다.

ISBN 978-89-6443-103-0 (03230)